Un diálogo cada día
西班牙语每日一句

胡玥宁 编著

图书在版编目（CIP）数据

西班牙语每日一句/胡玥宁编著. —北京：北京大学出版社，2012.1
（外语实用口语每日一句系列）
ISBN 978-7-301-16794-6

Ⅰ.①西… Ⅱ.①胡… Ⅲ.①西班牙语—口语 Ⅳ.①H349.9
中国版本图书馆CIP数据核字（2011）第203587号

书　　　　名：	西班牙语每日一句
著作责任者：	胡玥宁　编著
责 任 编 辑：	初艳红
标 准 书 号：	ISBN 978-7-301-16794-6/H·2960
出 版 发 行：	北京大学出版社
地　　　　址：	北京市海淀区成府路205号　100871
网　　　　址：	http://www.pup.cn
电　　　　话：	邮购部 62752015　发行部 62750672
	编辑部 62759634　出版部 62754962
电 子 邮 箱：	alice1979pku@163.com
印　刷　者：	北京大学印刷厂
经　销　者：	新华书店
	787毫米×1092毫米　32开本　12.125印张　120千字
	2012年1月第1版　2012年1月第1次印刷
定　　　　价：	29.00元（配有光盘）

未经许可，不得以任何方式复制或抄袭本书之部分或全部内容。
版权所有，侵权必究　　举报电话：010-62752024
　　　　　　　　　　　　　电子邮箱：fd@pup.pku.edu.cn

目　录

1. ¡Hola! 你好 …………………………………… 1
2. ¡Buenos días! 早上好 ………………………… 2
3. ¡Buenas tardes! 下午好 ……………………… 3
4. ¡Buenas noches! 晚上好 ……………………… 4
5. ¿Cómo estás? 你好吗 ………………………… 5
6. ¡Adiós! 再见 …………………………………… 6
7. Nombre 名字 …………………………………… 7
8. Mucho gusto en conocerte 很高兴认识你 …… 8
9. Muchas gracias 非常感谢 …………………… 9
10. ¡Cuánto tiempo sin verte! 好久不见 ……… 10
11. ¿Es usted...? 您是……吗 …………………… 11
12. ¿De dónde eres? 你是哪儿人 ……………… 12
13. Profesión 职业 ……………………………… 13
14. ¿Qué es esto? 这是什么 …………………… 14
15. ¿Cómo es...? 人怎么样 …………………… 15
16. Idiomas 语言 ………………………………… 16
17. ¿Cómo se dice...? 怎么说 ………………… 17
18. ¿Cómo es...? 东西什么样 ………………… 18
19. Gustos 喜好 ………………………………… 19
20. ¿Quién? 谁 …………………………………… 20
21. Amigos y novios 朋友和情侣 ……………… 21

22. La hora 时间 ·· 22
23. El día de la semana 星期几 ······························ 23
24. ¿A cuántos estamos? 几号 ································ 24
25. La fecha 日期 ·· 25
26. La edad 年龄 ··· 26
27. Perdón 对不起 ··· 27
28. Saludos 问候 ··· 28
29. Mi familia 我的家庭 ·· 29
30. Mis hermanos 我的兄弟姐妹 ······························ 30
31. Estado civil 婚姻状况 ······································ 31
32. Hijos 子女 ··· 32
33. ¿De quién es...? 是谁的 ···································· 33
34. ¿Qué hay en...? 里面有什么 ······························ 34
35. ¿Dónde vives? 你住哪儿 ··································· 35
36. El tiempo 天气 ··· 36
37. El clima 气候 ··· 37
38. Muy seco 很干燥 ·· 38
39. Nombre y apellido 姓名 ···································· 39
40. Una presentación 介绍 ···································· 40
41. Hasta mañana 明天见 ····································· 41
42. ¡Feliz fin de semana! 周末愉快 ·························· 42
43. Una proposición 提议 ····································· 43
44. ¿Tienes plan? 你有安排吗 ································ 44
45. ¿Estás libre? 有空吗 ······································· 45
46. Una cita 约会 ·· 46

目 录

- 47. ¿Quieres venir? 你也一起吗 …… 47
- 48. ¿Te parece bien? 你觉得行吗 …… 48
- 49. Una invitación 请客 …… 49
- 50. ¿Tienes compromiso? 你有约了吗 …… 50
- 51. Una idea genial 好主意 …… 51
- 52. ¡Qué pena! 真遗憾 …… 52
- 53. Lugar y hora（约会）地点和时间 …… 53
- 54. ¿A qué hora se abre...? 几点开门 …… 54
- 55. Aficiones 业余爱好 …… 55
- 56. Música 音乐 …… 56
- 57. Canciones 歌曲 …… 57
- 58. Deportes 运动 …… 58
- 59. ¿A qué hora...? 几点 …… 59
- 60. Rutina 生活习惯 …… 60
- 61. Carácter 脾气 …… 61
- 62. Altura 身高 …… 62
- 63. Peso 体重 …… 63
- 64. ¡Feliz cumpleaños! 生日快乐 …… 64
- 65. ¡Qué pesado! 真讨厌 …… 65
- 66. Aspecto físico 外貌特征 …… 66
- 67. Habladurías 流言蜚语 …… 67
- 68. Malos sueños 噩梦 …… 68
- 69. El desayuno 早餐 …… 69
- 70. Tomar algo 喝东西 …… 70
- 71. ¿Con quién...? 和谁 …… 71

72. El centro 市中心 ················· 72
73. ¿Dónde trabaja...? 在哪儿工作 ········ 73
74. ¿Qué estás haciendo? 正在干什么 ····· 74
75. ¿De qué trata? 关于什么 ············ 75
76. El autor 作者 ···················· 76
77. ¿A dónde vas? 去哪儿 ·············· 77
78. Ir a hacer algo 要做什么 ············ 78
79. Con permiso 劳驾 ················· 79
80. Un olvido 遗失 ··················· 80
81. ¡Qué amabilidad! 真客气 ············ 81
82. ¿Te pasa algo? 你还好吗 ············ 82
83. Mal de salud 生病 ················· 83
84. Un favor 帮忙 ···················· 84
85. ¿Cuál de... es...? 哪个是 ··········· 85
86. Un préstamo 借东西 ··············· 86
87. Vivir solo 独居 ···················· 87
88. Traer algo 带东西 ················· 88
89. Levántate ya 快起床 ··············· 89
90. ¿Qué me pongo? 穿什么衣服 ········ 90
91. ¿Qué tal...? ······ 怎么样 ··········· 91
92. Fin de semana 周末 ··············· 92
93. Un hambre terrible 饥饿难耐 ········ 93
94. Mesa para comer 饭桌 ············· 94
95. La televisión 电视 ················· 95
96. Cambio de canal 换台 ············· 96

目 录

97. De limpieza 打扫卫生 ·············· 97
98. Te toca 轮到你了 ·············· 98
99. ¿Te viene mal...? 影响你吗 ·············· 99
100. Un regalo 礼物 ·············· 100
101. ¡Qué precioso! 真漂亮啊 ·············· 101
102. Pasar adentro 请进 ·············· 102
103. Siéntate 请坐 ·············· 103
104. Mi casa 我的家 ·············· 104
105. Un poco más 再来点 ·············· 105
106. El cuarto de baño 洗手间 ·············· 106
107. Teléfono 电话 ·············· 107
108. Molestias 妨碍 ·············· 108
109. Se hace tarde 天晚了 ·············· 109
110. Vuelve siempre que quieras 欢迎常来 ·············· 110
111. Número de teléfono 电话号码 ·············· 111
112. Un recado 口信 ·············· 112
113. ¡Qué equivocación! 弄错啦 ·············· 113
114. Está comunicando 占线 ·············· 114
115. Habla más fuerte 大声点说 ·············· 115
116. No tan rápido 别说太快 ·············· 116
117. Instrumento musical 乐器 ·············· 117
118. Amante del jazz 爵士爱好者 ·············· 118
119. Una partida 一盘棋 ·············· 119
120. ¿Qué tal te cae...? 觉得某人怎样 ·············· 120
121. Todo derecho 一直走 ·············· 121

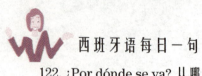

122. ¿Por dónde se va? 从哪儿走 …………… 122
123. Teléfono público 公用电话 …………… 123
124. El metro 地铁 …………………………… 124
125. Trasbordo 换乘 ………………………… 125
126. Frecuencia de paso 发车间隔 ………… 126
127. Horario de trenes 列车时刻表 ………… 127
128. En la taquilla 在售票窗口 …………… 128
129. La hora de salida 发车时间 …………… 129
130. ¿Cuánto tiempo queda? 还要多久 …… 130
131. Asiento 座位 …………………………… 131
132. El vagón de cola 末节车厢 …………… 132
133. En autobús 在公交车上 ……………… 133
134. La próxima parada 下一站 …………… 134
135. Una ayuda 帮助 ………………………… 135
136. Pase usted 请过吧 …………………… 136
137. Pedir un taxi 叫出租车 ……………… 137
138. Subiendo al taxi 上车 ………………… 138
139. Dar una vuelta por el centro 去市中心转转 … 139
140. Hora de pagar 付车钱 ………………… 140
141. La duración del vuelo 飞行时长 ……… 141
142. Ida y vuelta 往返 ……………………… 142
143. La clase económica 经济舱 …………… 143
144. Comida a bordo 机上正餐 …………… 144
145. Para llegar pronto al vuelo 提早到机场 … 145
146. Las maletas 行李箱 …………………… 146

目 录

147. Para el aeropuerto 去机场 …… 147
148. Hacer el registro 办理手续 …… 148
149. Facturación 托运 …… 149
150. Puerta de embarque 登机口 …… 150
151. Puntualidad 正点到达 …… 151
152. Declaración 报关 …… 152
153. Reintegro de impuestos 退税 …… 153
154. Documento sanitario 健康证明 …… 154
155. Barcos 船 …… 155
156. Paradas en el trayecto 中途停靠 …… 156
157. La hora de zarpar 起航时间 …… 157
158. Mira cómo se pone el sol 看日落 …… 158
159. El alquiler del coche 租车 …… 159
160. Plazo de alquiler 租期 …… 160
161. Papeleo 表格 …… 161
162. Suspensión de vuelos 航班停飞 …… 162
163. Plan de vacaciones 旅行计划 …… 163
164. ¿Organizado o por libre? 跟旅行社还是自由行 …… 164
165. Guías turísticos 导游 …… 165
166. Fotos 相片 …… 166
167. Aquí no se fuma 禁止吸烟 …… 167
168. Silla de ruedas 轮椅 …… 168
169. Tienda de recuerdos 纪念品商店 …… 169
170. Un plano urbano 城市地图 …… 170

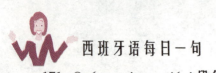

171. ¡Qué gran impresión! 印象深刻	......	171
172. Extravío 迷路	......	172
173. ¿Cuánto tiempo llevas en...? 在......待多久了	......	173
174. Lugares de interés 旅游景点	......	174
175 Merece la pena 值得	......	175
176. Construcciones 建筑	......	176
177. Edificios históricos 历史古迹	......	177
178. ¡Vaya cuesta! 太难爬了	......	178
179. En la playa 在海滩	......	179
180. Hamacas y sombrillas 躺椅和太阳伞	......	180
181. El itinerario 日程安排	......	181
182. Revelar fotos 冲洗胶卷	......	182
183. En Correos 在邮局	......	183
184. El franqueo 邮资	......	184
185. Telegrama 电报	......	186
186. Sellos 邮票	......	187
187. Habitación libre 空房	......	188
188. Reservación 预订	......	189
189. ¿A nombre de quién? 用谁的名字	......	190
190. La tarifa del hotel 酒店房费	......	191
191. Formas de pago 支付方式	......	192
192. El pasaporte 护照	......	193
193. La llave 钥匙	......	194
194. Cosas de valor 贵重物品	......	195
195. Tengo que madrugar 我得早起	......	196

目 录

196. Correo electrónico 电子邮箱 ·········· 197
197. Es una broma 开玩笑 ·········· 198
198. Bien entendido 听懂了 ·········· 199
199. Una discusión civilizada 文明的争论 ·········· 200
200. ¡Qué va! 哪里 ·········· 201
201. La culpa 过错 ·········· 202
202. Cambio de divisas 外汇汇率 ·········· 203
203. Billetes pequeños 小面额纸币 ·········· 204
204. Una cuenta bancaria 银行账户 ·········· 205
205. Número de cuenta 账号 ·········· 206
206. Síntomas 症状 ·········· 207
207. Tos 咳嗽 ·········· 208
208. Dolor de garganta 喉咙疼 ·········· 209
209. No se preocupe 别担心 ·········· 210
210. Diagnóstico 诊断 ·········· 211
211. Guardar cama 卧床休息 ·········· 212
212. Tomar la temperatura 量体温 ·········· 213
213. Mejorarse 康复 ·········· 214
214. Ingresarse 住院 ·········· 215
215. El alta hospitalaria 出院 ·········· 216
216. ¡Qué bien! 太好了 ·········· 217
217. En la farmacia 在药店 ·········· 218
218. Tomar alcohol 喝酒 ·········· 219
219. Jarabe 糖浆 ·········· 220
220. Espaguetis a la italiana 意大利面 ·········· 221

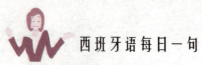

221. Tomates 番茄 …… 222
222. Vinagre 醋 …… 223
223. Cordero 羊肉 …… 224
224. En la tienda de ropa 在服装店 …… 225
225. Talla 尺码 …… 226
226. Material 面料 …… 227
227. Color 颜色 …… 228
228. El probador 试衣间 …… 229
229. No me queda muy bien 我穿着不太合适 …… 230
230. El último grito 最新款 …… 231
231. El escaparate 橱窗 …… 233
232. La caja 收银台 …… 234
233. Envoltorio para regalo 礼品包装 …… 235
234. Un descuento 打折 …… 236
235. Factura 发票 …… 237
236. En la tienda de flores 在花店 …… 238
237. Cocina francesa 法国菜 …… 239
238. Ya no hay mesas 没有空桌了 …… 240
239. La carta 菜单 …… 241
240. Paella 海鲜饭 …… 242
241. Postre 甜点 …… 243
242. Filete 牛排 …… 244
243. Chile 辣椒 …… 245
244. Sal 盐 …… 246
245. Vegetariano 素食者 …… 247

目 录

246. Una exquisitez 美味佳肴 ………… 248
247. Régimen de adelgazamiento 节食 … 249
248. Helado 冰激凌 …………………… 250
249. Agua mineral 矿泉水 …………… 251
250. Gazpacho 西班牙凉菜汤 ………… 252
251. Tortilla de patata 土豆饼 ………… 253
252. La cuenta 结账 …………………… 254
253. Vajilla sucia 脏杯子 ……………… 255
254. Una película 电影 ………………… 256
255. Menores de edad 未成年人 ……… 257
256. El guardarropa 衣帽间 …………… 258
257. Sobre gustos no hay nada escrito 各有所爱 … 259
258. Opera de Pekín 京剧 ……………… 260
259. Se ha vendido todo 售罄 ………… 261
260. Hablando de fútbol 谈论足球 …… 262
261. La línea de delanteros 前锋 ……… 263
262. La Copa Mundial 世界杯 ………… 264
263. Los Juegos Olímpicos 奥运会 …… 265
264. Tenis 网球 ………………………… 266
265. Vela 帆船 ………………………… 267
266. Alquilar un piso 租房 …………… 268
267. Superficie 面积 …………………… 269
268. Garaje 车库 ……………………… 270
269. Calefacción 供暖 ………………… 271
270. Iluminación 采光 ………………… 272

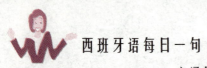

271. Bien comunicado 交通便利 ······ 273
272. Bañera 浴缸 ······ 274
273. Sala de estar 客厅 ······ 275
274. El dormitorio principal 主卧室 ······ 276
275. Piso compartido 合租的公寓 ······ 277
276. Ascensor 电梯 ······ 278
277. La matrícula 注册 ······ 279
278. Carrera 专业 ······ 280
279. Trabajo a tiempo parcial 兼职 ······ 281
280. Graduación 毕业 ······ 282
281. Sin trabajo 失业 ······ 283
282. La impresora 打印机 ······ 284
283. El técnico 技术员 ······ 285
284. El presupuesto 预算 ······ 286
285. Mucho trabajo 公务繁忙 ······ 287
286. Eficiencia 效率 ······ 288
287. Una llamada para tí 有电话找你 ······ 289
288. Interrupción 打断 ······ 290
289. Cita de negocios 商务会面 ······ 291
290. Relaciones familiares 家庭关系 ······ 292
291. Terco como una mula 固执无比 ······ 293
292. Precauciones 当心 ······ 294
293. Egoísmo 自私自利 ······ 295
294. Enamoramiento 恋爱 ······ 296
295. Mi amor 亲爱的 ······ 297

目 录

296. Tonterías 傻话 ······ 298
297. Felicitación 恭喜 ······ 299
298. ¡Fenomenal! 真了不起 ······ 300
299. Elogios 称赞 ······ 301
300. Admiración 佩服 ······ 302
301. Reconocimiento 认可 ······ 303
302. Una lección 教训 ······ 304
303. ¡Qué mala pata! 真倒霉 ······ 305
304. Se ha ido al garete 泡汤了 ······ 306
305. Estar ocupado 忙碌 ······ 307
306. Defensa de tesis 论文答辩 ······ 308
307. Como siempre 老样子 ······ 309
308. Llamada de emergencia 紧急呼叫 ······ 310
309. Para presentarse 自我介绍 ······ 311
310. Un robo 偷窃 ······ 312
311. El consulado 领事馆 ······ 313
312. Reclamación 提意见 ······ 314
313. Visado 签证 ······ 315
314. Lo mismo me da 无所谓 ······ 316
315. Malas lenguas 说坏话 ······ 317
316. Expulsión 开除 ······ 318
317. Tú dirás 你自己决定吧 ······ 319
318. Decisión meditada 慎重的决定 ······ 320
319. Un dilema 两难 ······ 321
320. Opinión 看法 ······ 322

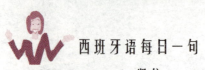

321. Convicción 坚信 ················· 323
322. Muy razonable 有道理 ············ 324
323. Posturas a adoptar 选择立场 ······ 325
324. Por lo que yo sé 据我所知 ········ 326
325. Remedio 办法 ···················· 327
326. Adulación 阿谀奉承 ··············· 328
327. Útil 有用 ························· 329
328. Persuasión 说服 ·················· 330
329. Difícil de creer 难以置信 ········· 331
330. En absoluto 一点儿也不 ·········· 332
331. El jarrón 花瓶 ···················· 333
332. La inauguración del curso 开学典礼 ······ 334
333. Concurso 比赛 ··················· 335
334. Una torcedura 扭伤 ·············· 336
335. Imposible 不可能 ················· 337
336. Certeza 毫无疑问 ················· 338
337. Hacerse rogar 摆架子 ············· 339
338. Compañía 陪伴 ··················· 340
339. Un secreto 秘密 ·················· 341
340. Juramento 发誓 ··················· 342
341. Indecisión 犹豫 ··················· 343
342. Cuidado 注意 ····················· 344
343. El Día Nacional 国庆日 ··········· 345
344. La cárcel 监狱 ···················· 346
345. Un roce 小摩擦 ··················· 347

目 录

346. Una locura 疯狂的事 ·················· 348
347. Aviso 提醒 ························· 349
348. Como un caballero 像个绅士 ············ 350
349. Hacer la cola 排队 ··················· 351
350. Enfado 生气 ························ 352
351. No es así 不是这样的 ················· 353
352. Gozo compartido 相见甚欢 ············· 354
353. Enhorabuena 祝贺 ··················· 355
354. Pena 伤心 ························· 356
355. Congoja 心痛 ······················· 357
356. Decepción 失望 ····················· 358
357. Problemas de tráfico 交通问题 ·········· 359
358. Inquietud 紧张 ····················· 360
359. Cuanto antes 越快越好 ················ 361
360. Puesto de trabajo 工作职位 ············ 362
361. La lista de la compra 购物清单 ········· 363
362. Avería 损坏 ························ 365
363. Desconectarse 下线 ·················· 366
364. ¡Buen viaje! 旅途愉快 ················ 367
365. Signos del zodiaco 星座 ··············· 368

1.º de enero
1月1日

1. ¡Hola!
你好

A: ¡Hola, Teresa!
['ola te'resa]
你好,特雷莎。
🔊 哦拉　代莱萨

B: ¡Hola, José!
['ola xo'se]
你好,何塞。
🔊 哦拉　霍塞

2 de enero
1月2日

2. ¡Buenos días!
早上好

A: ¡Teresa, buenos días!
　[te'resa | 'bwenoz 'ðias]
　早上好,特雷莎。
　🔊 代莱萨　布艾诺斯-迪亚斯

B: ¡Buenos días, José!
　['bwenoz 'ðias | xo'se]
　早上好,何塞。
　🔊 布艾诺斯-迪亚斯　霍塞

3 de enero
1月3日

3. ¡Buenas tardes!
下午好

A: ¡Buenas tardes, Teresa!
['bwenas 'tarðes | te'resa]
下午好,特雷莎。
布艾纳斯-塔尔德斯　代莱萨

B: ¡José, buenas tardes!
[xo'se | 'bwenas 'tarðes]
下午好,何塞。
霍塞　布艾纳斯-塔尔德斯

4 de enero
1月4日

4. ¡Buenas noches!
晚上好

A: ¡Buenas noches, Teresa!
['bwenaz 'notʃes | te'resa]
晚上好,特雷莎。
🔊 布艾纳斯-诺切斯　代莱萨

B: ¡Buenas noches, José!
['bwenaz 'notʃes | xo'se]
晚上好,何塞。
🔊 布艾纳斯-诺切斯　霍塞

5 de enero
1月5日

5. ¿Cómo estás?
你好吗

A: ¿Cómo estás?
['komo es'tas]
你好吗？
🔊 郭莫-埃斯塔斯

B: Bien, gracias. ¿Y tú?
['bjen | 'graθjas | i tu]
我很好，谢谢。你呢？
🔊 比恩　格拉西阿斯　伊-杜

6 de enero
1月6日

6. ¡Adiós!
再见

A: ¡Adiós, Teresa!
   [aðjos | te'resa]
   再见,特雷莎。
   阿迪奥斯　代莱萨

B: Hasta luego, José.
   ['asta 'lweɣo | xo'se]
   回头见,何塞。
   阿斯塔-卢埃戈　霍塞

7 de enero
1月7日

7. Nombre
名字

A: ¿Cómo te llamas?
['komo 'te 'ʎamas]
你叫什么名字？
🔊 科莫-德-亚马斯

B: Me llamo María.
[me 'ʎamo ma'ria]
我叫玛丽亚。
🔊 梅-亚莫-马利亚

8 de enero
1月8日

8. Mucho gusto en conocerte
很高兴认识你

A: Mucho gusto en conocerte.
['mutʃo 'gusto en kono'θerte]
很高兴认识你。
🔊 穆乔-古斯图-恩-郭诺塞尔德

B: Lo mismo digo.
[lo 'mizmo 'ðigo]
我也很高兴认识你。
🔊 洛-米斯莫-迪郭

9 de enero
1月9日

9. Muchas gracias
非常感谢

A: Muchas gracias.
   ['mutʃaz 'graθjas]
   非常感谢。
   穆恰斯-格拉西阿斯

B: De nada.
   [de 'naða]
   不用谢。
   德-纳达

10 de enero
1月10日

10. ¡Cuánto tiempo sin verte!
好久不见

A: ¡Cuánto tiempo sin verte!
['kwanto 'tjempo 'sim 'berte]
好久不见！
官多-蒂埃波-辛-贝尔德

B: Sí, hace mucho que no nos vemos.
['si | 'aθe 'mutʃo ke nõ noz 'βemos]
是啊，我们好久没见面了。
西　阿塞-蒂埃波-盖-诺-诺斯-贝莫斯

11 de enero
1月11日

11. ¿Es usted...?
您是……吗

A: Soy Teresa. ¿Es usted el señor Fernández?
[soi te'resa | es us'ted el se'ɲor fer'nãndeθ]
我是特雷莎。您是费尔南德斯先生吗?
索伊-德勒萨　埃斯-乌斯德-埃尔-赛尼奥尔-菲尔南德斯

B: Sí, el mismo.
[si | el 'mizmo]
是的,我就是。
西　埃尔-米斯莫

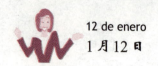

12 de enero
1月12日

12. ¿De dónde eres?
你是哪儿人

A: ¿De dónde eres?
[de 'ðonde 'eres]
你是哪儿人?
🔊 德-东德-埃莱斯

B: Soy de China.
['soi de 'tʃina]
我是中国人。
🔊 索伊-德-奇纳

13 de enero
1月13日

13. Profesión
职业

A: ¿A qué te dedicas?
[a ke te ðe'ðikas]
你是做什么的?
📢 阿-盖-德-德迪卡斯

B: Soy médico.
[soi 'meðiko]
我是医生。
📢 索伊-梅迪果

14 de enero
1月14日

14. ¿Qué es esto?
这是什么

A: ¿Qué es esto?
   [ke es 'esto]
   这是什么?
   🔊 盖-埃斯-埃斯多

B: Esto es un libro.
   ['esto es un 'liβro]
   这是一本书。
   🔊 埃斯多-埃斯-温-利布洛

15 de enero
1月15日

15. ¿Cómo es...?
人怎么样

A: ¿Cómo es la esposa de Juan?
['komo ez la es'posa ðe xwan]
胡安的妻子怎么样？
郭莫-埃斯-拉-埃斯波萨-德-胡安

B: Es bonita y simpática.
[ez βo'nita i sim'patika]
她又漂亮又和蔼可亲。
埃斯-波尼塔-伊-辛巴迪卡

16 de enero
1月16日

16. Idiomas
语言

A: ¿Hablas español?
['aβlas espa'ɲol]
你说西班牙语吗？
🔊 阿布拉斯-埃斯班尼奥尔

B: Sí, un poco. / No, no hablo español.
[si | ũm 'poko / no | no 'aβlo espa'ɲol]
是的，会一点。/ 不，我不会说西班牙语。
🔊 西　温-波郭　/　诺　诺-阿布罗-埃斯班尼奥尔

17 de enero
1月17日

17. ¿Cómo se dice...?
怎么说

A: ¿Cómo se dice esto en español?
['komo se 'ðiθe 'esto en espa'ɲol]
这用西班牙语怎么说?
🔊 *郭莫-赛-迪塞-埃斯多-恩-埃斯班尼奥尔*

B: Vaso.
['baso]
杯子。
🔊 *巴索*

18 de enero
1月18日

18. ¿Cómo es...?
东西什么样

A: ¿Cómo es este vaso?
['komo es 'este 'βaso]
这只杯子是什么样的?
郭莫-埃斯-埃斯代-巴索

B: Es muy grande.
[ez 'mui 'grande]
这只杯子很大。
埃斯-穆伊-格兰代

19 de enero
1月19日

19. Gustos
喜好

A: ¿A ti qué te gusta?
[a ti ke te 'gusta]
你喜欢什么?
阿-迪-盖-代-古斯塔

B: Me gusta bailar.
[me 'gusta βai'lar]
我喜欢跳舞。
梅-古斯塔-巴伊拉尔

20 de enero
1月20日

20. ¿Quién?
谁

A: ¿Quién es él?
   [kjen es el]
   他是谁?
   戈延-埃斯-埃尔

B: Es mi amigo José.
   [ez mi a'migo xo'se]
   他是我的朋友何塞。
   埃斯-米-阿米戈-霍赛

21 de enero
1月21日

21. Amigos y novios
朋友和情侣

A: ¿Teresa es amiga tuya?
[te'resa es a'miga 'tuja]
特雷莎是你的朋友吗?
德勒萨-埃斯-阿米嘎-杜亚

B: No, es mi novia.
[no | ez mĩ 'noβja]
不,她是我女朋友。
诺　埃斯-米-诺比亚

西班牙语中名词有阴阳性之分,女性朋友用amiga,男性朋友则用amigo。同理,novio就是男朋友。一般来说,以-o结尾的词为阳性,以-a结尾的为阴性。

22 de enero
1月22日

22. La hora
时间

A: ¿Qué hora es?
[ke 'ora es]
几点了?
🔊 盖-哦拉-埃斯

B: Son las cuatro y cuarto.
[son las 'kwatro i 'kwarto]
4点一刻了。
🔊 松-拉斯-瓜德罗-伊-瓜尔多

23 de enero
1月23日

23. El día de la semana
星期几

A: ¿Qué día es hoy?
[ke 'ðia es oi]
今天星期几？
戈-迪亚-埃斯-哦伊

B: Hoy es domingo.
[oi ez ðo'mĩŋgo]
今天星期天。
哦伊-埃斯-多明戈

星期一 lunes, 星期二 martes,
星期三 miércoles, 星期四 jueves,
星期五 vierner, 星期六 sábado

24 de enero
1月24日

24. ¿A cuántos estamos?
几号

A: ¿A cuántos estamos hoy?
   [a 'kwantos es'tamos oi]
   今天几号?
   阿-官多斯-埃斯塔莫斯-哦伊

B: Estamos a tres.
   [es'tamos a tres]
   今天3号。
   埃斯塔莫斯-阿-德莱斯

25 de enero
1月25日

25. La fecha
日期

A: ¿Qué fecha es hoy?

[ke 'fe'tʃa es oi]

今天是几月几号？

🔊 戈-费恰-埃斯-哦伊

B: Hoy es 25 de enero.

[oi es 'bejnti'θinko ðe e'nero]

今天是1月25号。

🔊 哦伊-埃斯-贝伊提辛郭-代-埃内罗

26 de enero
1月26日

26. La edad
年龄

A: ¿Cuántos años tienes? / ¿Qué edad tienes?

['kwantos 'aɲos 'tjenes] / [ke e'ðad 'tjenes]

你几岁了？

🔊 官多斯-阿尼奥斯-迪恩内斯 / 盖-埃达-迪恩内斯

B: Tengo 24 años.

['teŋgo βeinti'kwatro'aɲos]

我24岁了。

🔊 滕郭-本因迪瓜德罗-阿尼奥斯

A: Me llevas dos años.

[me 'ʎeβaz ðos 'aɲos]

你比我大两岁。

🔊 梅-耶巴斯-多斯-阿尼奥斯

27 de enero
1月27日

27. Perdón
对不起

A: Perdón. / Lo siento.
[per'ðon / lo 'sjento]
对不起。
贝尔东 / 罗-西恩多

B: No importa.
[no im'porta]
没关系。
诺-因波尔塔

28 de enero
1月28日

28. Saludos
问候

A: Saludos a tu madre.
[sa'luðos a tu 'maðre]
代我问候你母亲。
🔊 萨卢多斯-阿-杜-马德莱

B: Gracias.
['graθjas]
谢谢。
🔊 格拉西亚斯

29 de enero
1月29日

29. Mi familia
我的家庭

A: ¿Cuántos sois en tu familia?
['kwantos sois ẽn tu fa'milja]
你家几口人?
官多斯-索伊斯-恩-杜-法米利亚

B: Somos tres: mis padres y yo.
['somos tres | mis 'paðres i jo]
我家三口人:我父母和我。
索莫斯-德莱斯　米斯-巴德莱斯-伊-哟

30 de enero
1月30日

30. Mis hermanos
我的兄弟姐妹

A: ¿Tienes hermanos?
['tjenes er'mãnos]
你有兄弟姐妹吗?
迪恩内斯-埃尔马诺斯

B: No, no tengo hermanos. Soy hija única.
[no | no 'teŋgo er'mãnos | soi 'ixa 'unika]
不,我没有兄弟姐妹。我是独生女。
诺 诺-滕郭-埃尔马诺斯 索伊-伊哈-乌尼卡

31 de enero
1月31日

31. Estado civil
婚姻状况

A: ¿Estás casado?
　　[es'tas ka'saðo]
　　你结婚了吗?
　　埃斯塔斯-卡萨多

B: No, soy soltero.
　　[no | soi sol'tero]
　　没有，我还是单身。
　　诺　索伊-索尔德罗

1.º de febrero
2月1日

32. Hijos
子女

A: ¿Tienes hijos?
['tjenes 'ixos]
你有子女吗?
🔊 迪恩内斯-伊霍斯

B: Sí, tengo un hijo y una hija.
[si | 'teŋgo un 'ixo i 'una 'ixa]
有,我有一个儿子和一个女儿。
🔊 西　滕郭-温-伊霍-伊-乌纳-伊哈

2 de febrero
2月2日

33. ¿De quién es...?
是谁的

A: ¿De quién es esta mochila?
   [de kjen es 'esta mo'tʃila]
   这只背包是谁的?
🔊 德-戈延-埃斯-埃斯塔-莫奇拉

B: Es de María.
   [ez ðe ma'ria]
   是玛丽亚的。
🔊 埃斯-德-马利亚

3 de febrero
2月3日

34. ¿Qué hay en...?
里面有什么

A: ¿Qué hay en la mochila?

[ke ai en la mo'ʧila]

背包里面有什么?

盖-阿伊-恩-拉-莫奇拉

B: Una cámara y un reloj.

['una 'kamara i un re'loj]

有一架照相机和一只手表。

乌纳-卡马拉-伊-温-莱罗赫

4 de febrero
2月4日

35. ¿Dónde vives?
你住哪儿

A: ¿Dónde vives?
['donde 'βiβes]
你住哪儿？
🔊 东德-比维斯

B: Vivo en Madrid.
['biβo em ma'ðrid]
我住在马德里。
🔊 比沃-恩-马德里

5 de febrero
2月5日

36. El tiempo
天气

A: ¿Qué tiempo hace hoy?
[ke 'tjempo 'aθe oi]
今天天气怎么样?
盖-蒂埃波-阿赛-哦伊

B: Hoy hace muy buen tiempo.
[oi 'aθe mwi βwen 'tjempo]
今天天气很好。
哦伊-阿赛-穆伊-布恩-蒂埃波

6 de febrero
2月6日

37. El clima
气候

A: ¿Cómo es el clima de Pekin?
['komo es el 'klima ðe pekin]
北京的气候怎么样?
🔊 郭莫–埃斯–埃尔–克利马–代–北京

B: Es muy agradable.
[es mwi agra'ðaβle]
十分宜人。
🔊 埃斯–穆伊–阿格拉达布莱

7 de febrero
2月7日

38. Muy seco
很干燥

A: ¿Te gusta el clima de aquí?
[te 'gusta el 'klima ðe a'ki]
你喜欢这里的气候吗?
代-古斯塔-埃尔-克利马-代-阿基

B: No, no me gusta mucho. Me parece demasiado seco.
[no | nõ me 'gusta 'mutʃo | me pa'reθe ðema'sjaðo 'seko]
不,我不太喜欢。我觉得太干燥了。
诺　诺-梅-古斯塔-穆乔　梅-巴莱赛-德马斯阿多-赛郭

8 de febrero
2月8日

39. Nombre y apellido
姓名

A: ¿Cuál es su apellido, señor?
[kwal es su ape'ʎiðo | se'ɲor]
先生，您贵姓？

🔊 瓜尔-埃斯-苏-阿贝伊多　赛尼奥尔

B: López.
[ˈlopeθ]
洛佩斯。

🔊 洛佩斯

A: ¿Y su nombre, por favor?
[i su 'nõmbre | por fa'βor]
请问您的名字呢？

🔊 伊-苏-农布莱　波尔-法波尔

B: Joaquín.
[xoa'kin]
华金。

🔊 霍阿金

9 de febrero
2月9日

40. Una presentación
介绍

A: Teresa, éste es Manuel, mi profesor de inglés.
[te'resa | 'este ez mã'nwel | mi profe'sor ðe iŋ'gles]
特蕾莎，这是马努埃尔，我的英语老师。
🔊 代莱萨　埃斯代-埃斯-马努埃尔　米-普罗费索尔-代-因格莱斯

B: Encantada*, Manuel.
[ẽŋkan'taða | mã'nwel]
很高兴认识你，马努埃尔。
🔊 恩坎塔达　马努埃尔

*西班牙语中形容词的性、数要与所修饰的名词保持一致。此处如果说话者为男性，则要用 encantado。

10 de febrero
2月10日

41. Hasta mañana
明天见

A: Me voy.
[me βoi]
我走了。
🔊 梅-波伊

B: Hasta mañana.
['asta ma'ɲana]
明天见。
🔊 阿斯塔-马尼亚纳

11 de febrero
2月11日

42. ¡Feliz fin de semana!
周末愉快

A: ¡Feliz fin de semana!
[fe'liθ fin de se'mãna]
周末愉快!
菲利斯-芬-代-赛马纳

B: Igualmente.
[igwal'mẽnte]
你也是。
伊瓜尔门德

12 de febrero
2月12日

43. Una proposición
提议

A: ¿Vamos al cine esta noche?
['bamos al 'θine 'esta 'notʃe]
我们今晚去电影院吗?
🔊 巴莫斯-阿尔-西内-埃斯塔-诺切

B: Muy bien, de acuerdo.
[mwi βjen | de a'kwerðo]
很好,我同意。
🔊 穆伊-比恩　德-阿怪尔多

13 de febrero
2月13日

44. ¿Tienes plan?
你有安排吗

A: ¿Qué piensas hacer el domingo?
[ke 'pjensas a'θer el do'mĩngo]
你周日准备干什么？
🔊 盖-比恩萨斯-阿赛尔-埃尔-多明戈

B: Todavía no tengo plan.
[toða'βia no 'teŋgo plan]
我还没有安排。
🔊 多达比亚-诺-滕郭-普兰

14 de febrero
2月14日

45. ¿Estás libre?
有空吗

A: ¿Estás libre esta noche?
[es'taz 'liβre 'esta 'notʃe]
你今晚有空吗？
埃斯塔斯－里布莱－埃斯塔－诺切

B: Creo que sí.
['kreo ke si]
我想是的。
格来哦－盖－西

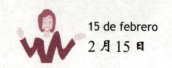

15 de febrero
2月15日

46. Una cita
约会

A: ¿Por qué no vamos al teatro? Tengo dos entradas.
[por ke no 'βamos al te'atro | 'teŋgo ðos en'traðas]
我们为什么不去看戏？我有两张票。
波尔-盖-诺-巴莫斯-阿尔-代阿德洛　滕郭-多斯-恩特拉达斯

B: ¡Estupendo!
[estu'pendo]
太好了。
埃斯杜本多

16 de febrero
2月16日

47. ¿Quieres venir?
你也一起吗

A: Vamos al cine, ¿quieres venir?
['bamos al 'θine | 'kjerez βe'nir]
我们去看电影,你也一起吗?
巴莫斯-阿尔-西内　基埃莱斯-贝尼尔

B: Hoy no puedo. Otro día.
[oi no 'pweðo | 'otro 'ðia]
今天不行,改天吧。
哦伊-诺-普埃多　哦德洛-迪亚

17 de febrero
2月17日

48. ¿Te parece bien?
你觉得行吗

A: ¿Tienes tiempo este fin de semana?
['tjenes 'tjempo 'este fin de se'mãna]
这周末你有时间吗?
蒂埃内斯-蒂埃波-埃斯代-菲-代-赛马纳

B: Sí. ¿Qué plan tienes?
[si | ke plam 'tjenes]
有。你有什么计划吗?
西　盖-普兰-蒂埃内斯

A: Vamos a la discoteca. ¿Qué te parece?
['bamos a la ðisko'teka | ke te pa'reθe]
我们去跳迪斯科吧。你觉得怎样?
巴莫斯-阿-拉-迪斯郭代卡　盖-代-巴莱赛

18 de febrero
2月18日

49. Una invitación
请客

A: Vamos a comer. Yo te invito.
['bamos a ko'mer |'jo te im'bito]
咱们去吃饭吧，我请客。
🔊 巴莫斯-阿-郭梅尔　哟-代-因比多

B: Vale, gracias.
['bale | 'graθjas]
好啊，谢谢。
🔊 巴莱　戈拉西亚斯

19 de febrero
2月19日

50. ¿Tienes compromiso?
你有约了吗

A: ¿Tienes ganas de comer fuera?
['tjenez 'ganaz ðe ko'mer 'fwera]
你想出去吃饭吗？
蒂埃内斯-嘎纳斯-代-郭梅尔-费埃拉斯

B: Me encantaría, pero no puedo, ya tengo un compromiso.
[me eŋkanta'ria | 'pero no 'pweðo | ja 'teŋgo uŋ kompro'miso]
我很想去，但是不行，我已经有约会了。
梅-恩坎塔利亚　贝洛-诺-普埃多　亚-滕郭-温-孔普洛米索

20 de febrero
2月20日

51. Una idea genial
好主意

A: Podríamos vernos un día de estos.
[po'ðriamoz 'βernos un 'dia ðe 'estos]
咱们这几天见个面吧。

波德利亚莫斯-贝尔诺斯-温-迪亚-代-埃斯多斯

B: Buena idea. Perfecto.
['bwena i'ðea | per'fekto]
好主意。太好了!

布埃纳斯-迪亚斯　贝尔菲克多

21 de febrero
2月21日

52. ¡Qué pena!
真遗憾

A: ¿Te interesaría ver el Museo de Prado conmigo?
[te interesa'ria ber el mu'seo ðe 'praðo kom'migo]
你想和我一块儿去参观普拉多博物馆吗?
代-因代莱萨-贝尔-埃尔-穆塞哦-代-普拉多-孔米郭

B: Me gustaría, pero es que estoy muy liado.
[me gusta'ria | 'pero es ke es'toi mwi 'ljaðo]
我很愿意,但我实在太忙了。
梅-古斯塔利亚 贝洛-埃斯-盖-埃斯多伊-穆伊-利阿多

A: ¡Qué lástima!
[ke 'lastima]
真遗憾!
盖-拉斯迪马

22 de febrero
2月22日

53. Lugar y hora
(约会)地点和时间

A: ¿Cómo quedamos?
['komo ke'ðamos]
咱们怎么约定?
🔊 郭莫-盖达摩斯

B: A las siete de la noche. ¿Te va bien?
[a las 'sjete ðe la 'notʃe | te βa βjen]
晚上7点吧。你方便吗?
🔊 阿-拉斯-西埃德-德-拉-诺切　德-巴-比恩

A: Muy bien. Nos vemos en la puerta de la universidad.
[mwi βjen | noz 'βemos en la 'pwerta ðe la uniβersi'ðad]
很好。我们在大学门口见。
🔊 穆伊-比恩　诺斯-贝莫斯-阿-拉-普埃尔塔-代-拉-乌尼贝尔西达

23 de febrero
2月23日

54. ¿A qué hora se abre...?
几点开门

A: ¿A qué hora se abre el correo?
[a ke 'ora se 'aβre el ko'reo]
邮局几点开门？
🔊 阿-盖-哦拉-赛-阿布莱-埃尔-郭雷哦

B: A las nueve.
[a laz 'nweβe]
九点。
🔊 阿-拉斯-努埃贝-代-拉-马尼亚纳

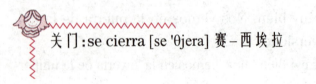

关门：se cierra [se 'θjera] 赛-西埃拉

24 de febrero
2月24日

55. Aficiones
业余爱好

A: ¿Qué haces en tu tiempo libre?
[ke 'aθes en tu 'tjempo 'liβre]
你空余时间干什么?
盖-阿赛斯-恩-杜-迪恩波-利布莱

B: Leo, escucho música y hago deporte.
['leo | es'kuʧo 'musika i 'ago ðe'porte]
我看书,听音乐,做运动。
莱哦　埃斯古乔-穆西噶-伊-阿郭-代波尔代

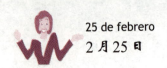

25 de febrero
2月25日

56. Música
音乐

A: ¿Qué tipo de música te gusta más?
[ke 'tipo ðe 'musika te 'gusta mas]
你最喜欢什么类型的音乐?
🔊 盖-迪波-代-穆西卡-德-古斯塔-马斯

B: La música clásica.
[la 'musika 'klasika]
我最喜欢古典音乐。
🔊 拉-穆西卡-格拉西卡

26 de febrero
2月26日

57. Canciones
歌曲

A: ¿Cuál es tu canción favorita?
[kwal es tu kan'θjon faβo'rita]
你最喜欢哪首歌?
瓜尔-埃斯-杜-坎西翁-法波利塔

B: Mi canción favorita es *Paloma*, de Julio Iglesias.
[mi kan'θjon faβo'rita es pa'loma | de 'xuljo i'glesjas]
我最喜欢胡里奥·伊格莱西亚斯的《鸽子》。
米-坎西翁-法波利塔-埃斯-帕洛马 代-胡里奥-伊格莱西亚斯

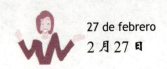

27 de febrero
2月27日

58. Deportes
运动

A: ¿Cuándo haces deporte?
['kwando 'aθez ðe'porte]
你什么时候做运动?
官多-阿赛斯-代波尔代

B: Por las tardes.
[por las 'tarðes]
下午。
波尔-拉斯-塔尔代斯

A: ¿Qué deporte te gusta?
[ke ðe'porte te 'gusta]
你喜欢做什么运动?
盖-代波尔代-代-古斯塔

B: Me gusta nadar.
[me 'gusta na'ðar]
我喜欢游泳。
梅-古斯塔-纳达尔

28 de febrero
2月28日

59. ¿A qué hora...?
几点……

A: ¿A qué hora te acuestas?
[a ke 'ora te a'kwestas]
你几点上床睡觉?
🔊 阿-盖-哦拉-代-阿古埃斯塔斯

B: Más o menos a las diez.
[mas o 'mẽnos a laz ðjeθ]
大约10点钟。
🔊 马斯-哦-梅诺斯-阿-拉斯-迪埃斯

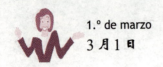

1.º de marzo
3月1日

60. Rutina
生活习惯

A: ¿Te levantas temprano?
[te le'βantas tem'prano]
你起得早吗?
🔊 代-莱班塔斯-滕普拉诺

B: Sí. Suelo levantarme antes de las ocho.
[si | 'swelo leβan'tarme 'antez ðe las 'oʧo]
是的。我习惯8点之前起床。
🔊 西　苏埃洛-莱班塔尔梅-安代斯-代-拉斯-哦乔

2 de marzo
3月2日

61. Carácter
脾气

A: José es un chico alegre.
[xo'se es un 'tʃiko a'lgere]
何塞是个快乐的男孩。

霍赛－埃斯－温－奇郭－阿莱格赖

B: Sí, tiene buen carácter.
[si | 'tjene βweŋ ka'rakter]
对，他脾气很好。

西，蒂埃内－布恩－卡拉克代尔

3 de marzo
3月3日

62. Altura
身高

A: ¿Cuánto mides?
['kwanto 'miðes]
你多高?
官多-米代斯

B: Un metro ochenta.
[ũn 'metro o'tʃenta]
一米八。
温-梅德洛-哦钦塔

A: ¡Qué alto eres!
[ke 'alto 'eres]
你真高啊!
盖-阿尔多-埃莱斯

4 de marzo
3月4日

63. Peso
体重

A: ¿Cuánto pesas?
['kwanto 'pesas]
你多重？
官多-贝萨斯

B: Cincuenta kilos.
[θiŋ'kwenta 'kilos]
我有50公斤。
辛官塔-基洛斯

A: ¡Uy, qué delgada!
[wi | ke ðel'gaða]
啊，你真瘦！
乌伊　盖-代尔嘎达

5 de marzo
3月5日

64. ¡Feliz cumpleaños!
生日快乐

A: ¿Cuándo es tu cumpleaños?

['kwando es tu kumple'aɲos]

你的生日是什么时候?

🔊 官多-埃斯-杜-孔普莱阿尼奥斯

B: Es el 5 de marzo.

[es el 'θiŋko ðe 'marθo]

我的生日是3月5号。

🔊 埃斯-埃尔-辛郭-代-马尔索

A: ¡Hombre, es hoy! ¡Feliz cumpleaños!

['ombre | es oi | fe'liθ kumple'aɲos]

啊,那就是今天!生日快乐!

🔊 翁布赖　埃斯-哦伊　费利兹-孔普莱阿尼奥斯

6 de marzo
3月6日

65. ¡Qué pesado!
真讨厌

A: ¿Qué te parece Manuel?
[ke te pa'reθe mã'nwel]
你觉得马努埃尔怎么样?
🔊 盖-代-巴莱赛-马努埃尔

B: Es un pesado.
[es um pe'saðo]
他是个讨厌鬼。
🔊 埃斯-温-贝萨多

7 de marzo
3月7日

66. Aspecto físico
外貌特征

A: ¿Cómo es tu novio?
['komo es tu 'noβjo]
你男朋友长什么样？
郭莫-埃斯-杜-诺比哦

B: Es alto y delgado, con el pelo largo.
[es 'alto i ðel'gaðo | kom el 'pelo 'largo]
他又高又瘦，留着长头发。
埃斯-阿尔多-伊-代尔嘎多　孔-埃尔-贝洛-拉尔郭

8 de marzo
3月8日

67. Habladurías
流言蜚语

A: Dicen que María es muy guapa.
['diθeŋ ke ma'ria ez mwi 'gwapa]
听说玛利亚十分漂亮。
迪森-盖-马利亚-埃斯-穆伊-瓜巴

B: De eso nada. Está un poco gorda.
[de 'eso 'naða | es'ta um 'poko 'gorða]
一点儿也不漂亮。她有点儿胖。
德-埃索-纳达　埃斯塔-温-波郭-郭尔达

9 de marzo
3月9日

68. Malos sueños
噩梦

A: ¿Dormiste bien anoche?
[dor'miste βjen ã'notʃe]
你昨晚睡得好吗？
多尔米斯代-比恩-阿诺切

B: No, tuve una pesadilla.
[no | 'tuβe 'una pesa'ðiʎa]
不好，我做了个噩梦。
诺，杜贝-乌纳-贝萨迪亚

10 de marzo
3月10日

69. El desayuno
早餐

A: ¿Qué hay para desayunar?
 [ke ai 'para ðesaju'nar]
 早餐吃什么？
 盖-阿伊-巴拉-代萨尤纳

B: Pan y leche.
 [pan i 'letʃe]
 面包和牛奶。
 班-伊-莱切

11 de marzo
3月11日

70. Tomar algo
喝东西

A: ¿Quieres tomar algo?
['kjeres to'mar 'algo]
你要喝点什么吗?
基埃莱斯-多马尔-阿尔郭

B: Sí, un vino, por favor.
[si | 'ũna θer'βeθa | por fa'βor]
好,请来杯葡萄酒吧。
西,温-比诺　波尔-法波尔

A: ¿Lo prefieres tinto o blanco?
[lo pre'fjeres 'tinto o 'βlaŋko]
要红葡萄酒还是白葡萄酒?
普莱菲埃莱斯-比诺-丁多-哦-比诺-布兰郭

B: Prefiero vino blanco, gracias.
[pre'fjero 'βino 'βlaŋko | 'graθjas]
要白葡萄酒,谢谢。
普莱菲埃罗-比诺-布兰郭　格拉西亚斯

12 de marzo
3月12日

71. ¿Con quién...?
和谁……

A: ¿Con quién vas a comer hoy?
   [koŋ kjem bas a ko'mer oi]
   你今天要和谁吃饭?
   孔-戈延-巴斯-阿-郭梅尔-哦伊

B: Con mi nuevo vecino.
   [kom mĩ 'nweβo βe'θino]
   和我的新邻居。
   孔-米-努埃波-贝西诺

13 de marzo
3月13日

72. El centro
市中心

A: ¿Dónde está tu oficina?
['donde es'ta tu ofi'θina]
你的办公室在哪儿？
🔊 东代-埃斯塔-杜-哦菲西纳

B: Está en el centro de la ciudad.
[es'ta en el 'θentro ðe la θju'ðad]
我的办公室在市中心。
🔊 埃斯塔-恩-埃尔-森德洛-代-拉-西乌达

14 de marzo
3月14日

73. ¿Dónde trabaja...?
在哪儿工作

A: ¿Dónde trabaja tu novia?
['donde tra'βaxa tu 'noβja]
你女朋友在哪儿工作?
📢 东代-特拉巴哈-杜-诺比亚

B: En un hospital. Es enfermera.
[en ũn ospi'tal | es enfer'mera]
在一家医院。她是护士。
📢 恩-温-哦斯比塔尔 埃斯-恩费尔梅拉

15 de marzo
3月15日

74. ¿Qué estás haciendo?
正在干什么

A: ¿Qué estás haciendo?
[ke es'tas a'θjendo]
你在干什么?
盖-埃斯塔斯-阿先多

B: Estoy leyendo una novela.
[es'toi le'jendo 'unã no'βela]
我在看小说。
埃斯多伊-莱延多-乌纳-诺贝拉

16 de marzo
3月16日

75. ¿De qué trata?
关于什么

A: ¿De qué trata la novela?
[de ke 'trata la no'βela]
那本小说是关于什么的?
代-盖-特拉塔-拉-诺贝拉

B: Pues, trata de una historia de amor.
[pwes | 'trata ðe 'una is'torja ðe a'mor]
呃,讲了一个爱情故事。
普埃斯　特拉塔-代-乌纳-伊斯多利亚-代-阿莫尔

17 de marzo
3月17日

76. El autor
作者

A: ¿Quién es el autor?
[kjen es el au'tor]
作者是谁?
戈延-埃斯-埃尔-阿乌多尔

B: García Márquez.
[gar'θia 'markeθ]
加西亚·马尔克斯。
嘎尔西亚-马尔盖斯

18 de marzo
3月18日

77. ¿A dónde vas?
去哪儿

A: ¿A dónde vas?
[a' ðonde βas]
你去哪儿？
🔊 阿-东代-巴斯

B: Voy al trabajo.
[boi al tra'βaxo]
我去上班。
🔊 波伊-阿尔-特拉巴霍

19 de marzo
3月19日

78. Ir a hacer algo
要做什么

A: ¿Qué vas a hacer ahora?
   [ke βas a a'θer a'ora]
   你现在要做什么？
   盖-巴斯-阿-阿赛尔-阿哦拉

B: Voy a preparar la cena.
   [boi a prepa'rar la 'θena]
   我要做晚饭。
   波伊-阿-普莱巴拉尔-拉-赛纳

20 de marzo
3月20日

79. Con permiso
劳驾

A: Con permiso, ¿puedo irme?
   [kom per'miso | 'pweðo 'irme]
   劳驾,我可以走了吗?
   孔-贝尔米索　普埃多-伊尔梅

B: Claro, como quiera.
   ['klaro | 'komo 'kjera]
   当然,您请便。
   格拉洛　郭莫-基埃拉

21 de marzo
3月21日

80. Un olvido
遗失

A: ¿Dónde están mis llaves?
['donde es'tam miz 'ʎaβes]
我的钥匙哪儿去了?
东代-埃斯丹-米斯-亚贝斯

B: Están en la mesa.
[es'tan ẽn la 'mesa]
在桌上呢。
埃斯丹-恩-拉-梅萨

22 de marzo
3月22日

81. ¡Qué amabilidad!
真客气

A: Señores, están ustedes en su casa.
[se'ɲores | es'tan us'teðes en su 'kasa]
先生们，请把这儿当成自己的家。

赛尼奥莱斯　埃斯丹-乌斯代代斯-恩-苏-卡萨

B: Muchas gracias. Es usted muy amable.
['mutʃaz 'graθjas | es us'ted mwi a'maβle]
非常感谢，您真客气。

穆恰斯-格拉西亚斯　埃斯-乌斯代-穆伊-阿马布莱

23 de marzo
3月23日

82. ¿Te pasa algo?
你还好吗

A: Teresa, ¿estás bien?
[te'resa | es'taz βjen]
特雷莎，你还好吗？
🔊 代莱萨　埃斯塔斯-比恩

B: No, me siento mal. Tengo fiebre.
[no | me 'sjento mal | 'teŋgo 'fjeβre]
不，我感觉不好。我发烧了。
🔊 诺　梅-斯恩多-马尔　丹郭-菲埃布莱

A: Te llevo al médico ahora mismo.
[te 'ʎeβo al 'meðiko a'ora 'mizmo]
我马上送你去看病。
🔊 德-耶波-阿尔-梅迪郭-阿哦拉-米斯莫

24 de marzo
3月24日

83. Mal de salud
生病

A: ¿Por qué no ha venido José a la clase?
[por ke no a βe'niðo xo'se a la 'klase]
何塞怎么没来上课?
波尔-盖-诺-阿-贝尼多-霍塞-阿-拉-格拉赛

B: Está enfermo. Fue al médico.
[fwe al 'meðiko | es'ta en'fermo]
他生病去看医生了。
埃斯塔-恩菲尔莫　富埃-阿尔-梅迪郭

25 de marzo
3月25日

84. Un favor
帮忙

A: ¿Puedes hacerme un favor?
['pweðes a'θerme un fa'βor]
你能帮我一个忙吗?
普埃代斯-阿赛尔梅-温-法波尔

B: Por supuesto, dime.
[por su'pwesto | 'dime]
当然,你说吧。
波尔-苏普埃斯多　迪梅

26 de marzo
3月26日

85. ¿Cuál de... es...?
哪个是……

A: ¿Cuál de los jóvenes es tu primo?
[kwal de los 'xoβenes es tu 'primo]
那些年轻人中哪个是你表弟？

瓜尔-代-洛斯-霍本内斯-埃斯-杜-普里莫

B: Ése rubio.
['ese 'ruβjo]
那个金发的。

埃塞-鲁比哦

27 de marzo
3月27日

86. Un préstamo
借东西

A: ¿Me puedes prestar esta revista?
[me 'pweðes pres'tar 'esta re'βista]
能借给我这本杂志吗?

梅-普埃德斯-普莱斯塔尔-埃斯塔-莱比斯塔

B: Sí, llévatela, pero ¿cuándo me la devuelves?
[si | 'ʎeβatela | 'pero 'kwando me la ðe'βwelβes]
行,你拿走吧。但是,你什么时候还我呢?

西　耶巴代拉　贝罗　管多-梅-拉-代武埃贝斯

A: Lo antes posible.
[lo 'antes po'siβle]
尽早吧。

洛-安代斯-波西布来

28 de marzo
3月28日

87. Vivir solo
独居

A: ¿Vives con tus padres?
['biβes kon tus 'paðres]
你和父母一起住吗?
比贝斯-孔-杜斯-巴德莱斯

B: No, vivo solo.
[no | 'biβo 'solo]
不,我一个人住。
诺　比波-索洛

29 de marzo
3月29日

88. Traer algo
带东西

A: Voy al mercado, ¿qué te traigo?
　[boi al mer'kaðo | ke te 'traigo]
　我去市场,给你带点什么?
🔊 波伊-阿尔-梅尔卡多　盖-代-特拉伊郭

B: Nada, gracias.
　['naða | 'graθjas]
　不用了,谢谢。
🔊 纳达　格拉西亚斯

30 de marzo
3月30日

89. Levántate ya
快起床

A: Hijo, despiértate, ya son las siete.

['ixo | des'pjertate | ja son las 'sjete]

儿子，快醒醒，已经7点了。

伊霍　代斯比埃尔塔代　亚－松－拉斯－西埃代

B: Todavía tengo sueño.

[toða'βia 'teŋgo 'sweɲo]

我还困着呢。

多达比亚－滕郭－苏埃尼奥

A: Levántate y haz la cama.

[le'βantate i aθ la 'kama]

快起床，然后整理好床铺。

莱班塔代－伊－阿斯－拉－卡马

31 de marzo
3月31日

90. ¿Qué me pongo?
穿什么衣服

A: Voy a una fiesta. ¿Qué me pongo?

[boi a 'una 'fjesta | ke me 'poŋgo]

我要去参加一个聚会。该穿什么呢?

波伊-阿-乌纳-菲埃斯塔　盖-梅-邦郭

B: Ponte el vestido rojo.

['ponte el βes'tiðo 'roxo]

穿那条红色连衣裙吧。

邦代-埃尔-贝斯迪朵-罗霍

1.º de abril
4月1日

91. ¿Qué tal...?
……怎么样

A: ¿Qué tal la fiesta de ayer?
[ke tal la 'fjesta ðe a'jer]
昨天的聚会怎么样？
盖-塔尔-拉-菲埃斯塔-代-阿耶尔

B: Genial.
[xe'njal]
棒极了。
赫尼阿尔

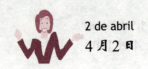

2 de abril
4月2日

92. Fin de semana
周末

A: ¿Qué tal el fin de semana?
[ke tal el fin de se'mãna]
周末过得怎么样?
🔊 盖-塔尔-埃尔-芬-代-赛马纳

B: Muy bien. Fui a la playa.
[mwi βjen | fwi a la 'plaja]
挺好的,我去海边了。
🔊 穆伊-比恩　富伊-阿-拉-普拉亚

3 de abril
4月3日

93. Un hambre terrible
饥饿难耐

A: Mamá, estoy muerto de hambre.
[ma'ma | es'toi 'mwerto ðe 'ambre]
妈妈,我快饿死了。
🔊 马马　埃斯多伊-穆埃尔多-代-安布莱

B: La cena ya está lista. Lávate las manos.
[la 'θena ja es'ta 'lista | 'laβate laz 'manos]
晚饭已经做好了。快洗手去。
🔊 拉-赛纳-亚-埃斯塔-利斯塔　拉巴代-拉斯-马诺斯

4 de abril
4月4日

94. Mesa para comer
饭桌

A: ¿Puedes poner la mesa?
['pweðes po'ner la 'mesa]
你能摆桌子吗？
普埃代斯-邦内尔-拉-梅萨

B: Sí, claro.
[si | 'klaro]
当然可以。
西-格拉罗

5 de abril
4月5日

95. La televisión
电视

A: ¿Qué hay en la televisión?
   [ke ai en la teleβi'sjon]
   电视里放什么呢?
   盖-阿伊-恩-拉-代莱比西温

B: Una comedia.
   ['ũna ko'meðja]
   一部喜剧。
   乌纳-郭梅迪亚

6 de abril
4月6日

96. Cambio de canal
换台

A: No me gustan las comedias. ¿Puedo cambiar el canal?
[nõ me 'gustan las ko'meðjas | 'pweðo kam'bjar el ka'nal]
我不喜欢看喜剧,能换个频道吗?
诺-梅-古斯塔-拉-郭梅迪亚 普埃多-坎比亚尔-埃尔-卡纳尔

B: ¡Ni hablar!
[ni a'βlar]
没门儿!
尼-阿布拉尔

7 de abril
4月7日

97. De limpieza
打扫卫生

A: ¿Quién hace la limpieza en tu casa?
 [kjen 'aθe la lim'pjeθa en tu 'kasa]
 你家谁打扫卫生?
 戈延-阿赛-拉-林别萨-恩-杜-卡萨

B: Mi mamá.
 [mĩ mã'ma]
 我妈妈。
 米-马马

A: ¿Ella no trabaja?
 ['eʎa no tra'βaxa]
 她不工作吗?
 埃亚-诺-特拉巴哈

B: No, es ama de casa.
 [no | es 'ama ðe 'kasa]
 不工作,她是家庭妇女。
 诺　埃斯-阿马-代-卡萨

8 de abril
4月8日

98. Te toca
轮到你了

A: ¿A quién le toca tirar la basura hoy?
[a kjen le 'toka ti'rar la βa'sura oi]
今天轮到谁倒垃圾了?
阿-戈延-莱-多卡-迪拉尔-拉-巴苏拉-哦伊

B: A mí.
[ã mi]
我。
阿-米

9 de abril
4月9日

99. ¿Te viene mal...?
影响你吗

A: ¿Te importa que apague la luz?
[te im'porta ke a'page la luθ]
你介意我关灯吗？

代-因波尔塔-盖-阿巴盖-拉-卢斯

B: No, apaga, apaga.
[no | a'paga| a'paga]
不介意，你关吧。

诺　阿巴嘎　阿巴嘎

10 de abril
4月10日

100. Un regalo
礼物

A: Mi niño, ¿qué quieres para tu cumpleaños?
[mĩ 'niɲo | ke 'kjeres 'para tu kumple'aɲos]
儿子,你生日想要什么礼物?
米-尼尼奥　盖-基埃莱斯-巴拉-杜-孔普来阿尼奥斯

B: Quiero una bicicleta.
['kjero 'una βiθi'kleta]
我想要一辆自行车。
基埃洛-乌纳-比西克莱塔

11 de abril
4月11日

101. ¡Qué precioso!
真漂亮啊

A: Toma, esto es para ti.
['toma | 'esto es 'para ti]
拿着,这是给你的。
🔊 多马 埃斯多-埃斯-巴拉-迪

B: ¡Qué precioso! Me encanta.
[ke pre'θjoso | me eŋ'kanta]
真漂亮啊！我非常喜欢。
🔊 盖-普莱西哦萨 梅-恩坎塔

12 de abril
4月12日

102. Pasar adentro
请进

A: ¿Es la casa de José?
[ez la 'kasa ðe xo'se]
这是何塞家吗?
🔊 埃斯-拉-卡萨-代-霍赛

B: Sí, pase, por favor.
[si | 'pase | por fa'βor]
是的,请进。
🔊 西　巴森　波尔-法波尔

13 de abril
4月13日

103. Siéntate
请坐

A: Siéntate. Ponte cómodo.
   ['sjentate | 'ponte 'komoðo]
   请坐，随便点儿。
   先塔代　彭代-郭莫多

B: Gracias.
   ['graθjas]
   谢谢。
   格拉西亚斯

14 de abril
4月14日

104. Mi casa
我的家

A: Tienes una casa muy bonita.
 ['tjenes 'una 'kasa mwi βo'nita]
 你家真漂亮。
 迪恩内斯-乌纳-卡萨-穆伊-波尼塔

B: Gracias. Espero que vengas a menudo.
 ['graθjas | es'pero ke 'βeŋgas a mẽ'nuðo]
 谢谢。希望你经常来做客。
 格拉西亚斯　埃斯贝洛-盖-班嘎斯-阿-梅努多

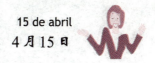

15 de abril
4月15日

105. Un poco más
再来点

A: ¿No quieres un poco más de té?
[no 'kjeres um 'poko maz ðe te]
你不再喝点儿茶吗?

诺-基埃赖斯-温-波郭-马斯-代-代

B: No, gracias, he tomado mucho.
[no | 'graθjas | e to'maðo 'mutʃo]
不用,谢谢,我已经喝了很多了。

诺　格拉西亚斯　埃-多马多-穆乔

16 de abril
4月16日

106. El cuarto de baño
洗手间

A: ¿Puedo usar el baño?
['pweðo u'sar el 'βaɲo]
我能用用洗手间吗？
普埃多-乌萨尔-埃尔-巴尼奥

B: Claro, por aquí.
['klaro | por a'ki]
当然，这边走。
格拉洛　波尔-阿基

17 de abril
4月17日

107. Teléfono
电话

A: ¿Me permite hacer una llamada con su teléfono?

[me per'mite a'θer 'una ʎa'maða kon su te'lefono]

我能用您的话机打个电话吗?

梅-贝尔米代-阿赛尔-乌纳-亚马达-孔-苏-代莱丰诺

B: Cómo no, llame, llame.

['komõ no | 'ʎame | 'ʎame]

当然了,打吧。

郭莫-诺　亚马　亚马

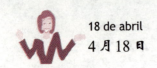

18 de abril
4月18日

108. Molestias
妨碍

A: ¿Le molesto si fumo?
[le mo'lesto si 'fumo]
我抽烟妨碍您吗?
🔊 勒-莫勒斯多-西-福莫

B: No, no te preocupes.
[no | no te preo'kupes]
没事,不要紧的。
🔊 诺　诺-代-普莱哦古贝斯

19 de abril
4月19日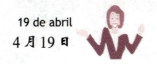

109. Se hace tarde
天晚了

A: Ya es tarde. Me tengo que ir.
   ['ja es 'tarðe | me 'teŋgo ke ir]
   天晚了,我得走了。
   亚-埃斯-塔尔代　梅-丹郭-盖-伊尔

B: Quédate a cenar.
   ['keðate a θe'nar]
   留下来吃饭吧。
   盖达代-阿-赛纳尔

20 de abril
4月20日

110. Vuelve siempre que quieras
欢迎常来

A: Me lo he pasado muy bien en tu casa.
[me lo e pa'saðo mwi βjen ẽn tu 'kasa]
我在你家过得很愉快。
梅-洛-埃-巴萨多-穆伊-比恩-恩-杜-卡萨

B: Siempre eres bienvenido.
[es'pero ke 'βwelβas 'pronto]
欢迎常来。
先普莱-埃莱斯-比恩贝尼多

21 de abril
4月21日

111. Número de teléfono
电话号码

A: ¿Cuál es su número de teléfono?
[kwal es su 'nũmero ðe te'lefono]
您的电话号码是多少?

瓜尔-埃斯-苏-努梅洛-代-代莱佛诺

B: Mi número es el 65-93-17.
[mĩ nũmero es se'senta i 'θiŋko no'βenta i tres djeθi'sjete]
我的电话号码是659317。

米-努梅洛-代-代莱佛诺-埃斯-赛森塔伊辛郭-诺本塔伊德莱斯-迪埃斯伊西埃德

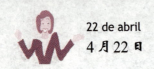

22 de abril
4月22日

112. Un recado
口信

A: ¿Está Teresa?
[es'ta te'resa]
特雷莎在吗?
埃斯塔-代莱萨

B: No, ha salido. ¿Quieres dejar un recado?
[no | a sa'liðo | 'kjerez ðe'xar un re'kaðo]
不在,她出去了。你要留个口信吗?
诺　阿-萨利多　基恩莱斯-代哈尔-温-莱卡多

A: Sí, por favor. Dile que me llame.
[si | por fa'βor | 'dile ke me 'ʎame]
好的,麻烦了。让她给我回个电话。
西　波尔-法波勒　迪莱-盖-梅-亚梅

23 de abril
4月23日

113. ¡Qué equivocación!
弄错啦

A: ¿Puedo hablar con José?
['pweðo a'βlar koŋ xo'se]
何塞在吗？
普埃多-阿布拉尔-孔-霍赛

B: Lo siento, se ha equivocado.
[lo 'sjento | se a ekiβo'kaðo]
对不起，您打错了。
洛-先多　赛-阿-埃基波卡多

A: Uy, perdone.
[wi | per'ðone]
啊，不好意思。
乌伊　贝尔多内

24 de abril
4月24日

114. Está comunicando
占线

A: ¿Has hablado con Teresa?
[as a'βlaðo kon te'resa]
你和特雷莎通电话了吗?
阿斯-阿布拉多-孔-代莱萨

B: No, la línea está ocupada. Llamaré más tarde.
[no | la 'linea es'ta oku'paða | ʎama're mas 'tarðe]
没有,电话占线。我晚点再打。
诺 拉-利内阿-埃斯塔-哦古巴达 亚马莱-马斯-塔尔代

25 de abril
4月25日

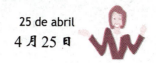

115. Habla más fuerte
大声点说

A: ¿Me oyes?
[me 'ojes]
你听得见吗?
梅-哦耶斯

B: No, no te oigo bien. ¿Puedes hablar más alto?
[no | no te 'oigo βjen | 'pweðes a'βlar mas 'alto]
不,我听不清,你能大声点吗?
诺　诺-代-哦伊郭-比恩　普埃代斯-阿布拉尔-马斯-阿尔多

26 de abril
4月26日

116. No tan rápido
别说太快

A: ¿Podría decirlo más despacio?
[po'ðria ðe'θirlo maz ðes'paθjo]
您可以说慢点吗?
波德利阿-德西尔洛-马斯-德斯巴西哦

B: Vale.
['bale]
行。
巴莱

27 de abril
4月27日

117. Instrumento musical
乐器

A: ¿Qué instrumento musical tocas?
   [ke instru'mento musi'kal 'tokas]
   你会什么乐器?
   盖-因斯德卢门多-穆西卡尔-多卡斯

B: El violín.
   [el βjo'lin]
   小提琴。
   埃尔-比哦林

28 de abril
4月28日

118. Amante del jazz
爵士爱好者

A: Me han dicho que eres aficionada al jazz.
[me an 'diʧo ke 'eres afiθjo'naða al xaθθ]
听说你是个爵士爱好者。
梅-安-迪乔-盖-埃莱斯-阿菲兄纳达-阿尔-加斯

B: Sí.
[si]
是的。
西

29 de abril
4月29日

119. Una partida
一盘棋

A: ¿Te gustaría jugar al ajedrez conmigo?
[te gusta'ria xu'gar al axe'ðreθ kom'migo]
想和我下盘棋吗?
🔊 德-古斯达利阿-胡嘎尔-阿尔-阿赫德莱斯-孔米郭

B: ¿Y por qué no a las cartas?
[i por ke no a las 'kartas]
我们为什么不玩牌呢?
🔊 伊-波尔-盖-诺-阿-拉斯-卡尔达斯

30 de abril
4月30日

120. ¿Qué tal te cae...?
觉得某人怎样

A: No me cae bien Juan.
[nõ me 'kae βjeŋ xwan]
我不喜欢胡安。
🔊 诺-梅-卡埃-比恩-胡安

B: A mí tampoco. Se enfada con todo el mundo.
[ã mi tam'poko | se en'faða kon 'toðo el 'mũndo]
我也不喜欢。他和所有人过不去。
🔊 阿-米-丹波郭　赛-恩法达-孔-多多-埃尔-蒙多

1.º de mayo
5月1日

121. Todo derecho
一直走

A: ¿Dónde está la oficina de turismo, por favor?
['donde es'ta la ofi'θina ðe tu'rizmo | por fa'βor]
请问旅游问讯处在哪儿？
东代-埃斯达-拉-哦菲西纳-代-杜利斯莫 波尔-法波尔

B: Por esta calle todo recto y al final.
[por 'esta 'kaʎe 'toðo 'rekto i al fi'nal]
沿这条街一直走，到尽头。
波尔-埃斯达-卡耶-莱克多-伊-阿尔-菲纳

2 de mayo
5月2日

122. ¿Por dónde se va?
从哪儿走

A: ¿Está lejos la Plaza de España?
   [es'ta 'lexoz la 'plaθa ðe es'paɲa]
   西班牙广场远吗?
   埃斯达-莱霍斯-拉-普拉萨-代-埃斯班尼亚

B: No está muy lejos. Mire, en la segunda calle gire a la izquierda.
   [no es'ta mwi 'lexos | 'mire | ẽn la se'gunda 'kaʎe 'xire a la iθ'kjerða]
   不太远。您看,在第二条街向左转。
   诺-埃斯达-穆伊-莱霍斯 米莱 恩-拉-赛滚达-卡耶-西莱-阿-拉-伊斯基埃尔达

3 de mayo
5月3日

123. Teléfono público
公用电话

A: ¿Hay cabina de teléfono por aquí?
   [ai ka'βina ðe te'lefono por a'ki]
   这附近有电话亭吗?
   阿伊-卡比纳-代-代莱佛诺-波尔-阿基

B: Sí, hay una en la esquina.
   [si | ai 'una en la es'kina]
   有,街角有一个。
   西 阿伊-乌纳-恩-拉-埃斯基那

4 de mayo
5月4日

124. El metro
地铁

A: ¿Cómo vamos a la Catedral?
['komo 'βamos a la kate'ðral]
我们怎么去大教堂?
🔊 郭莫-巴莫斯-阿-拉-卡代德拉尔

B: Vamos en metro.
['bamos em 'metro]
我们坐地铁去。
🔊 巴莫斯-梅德洛

A: ¿Qué línea tomamos?
[ke 'linea to'mãmos]
坐几号线?
🔊 盖-利内阿-多马莫斯

B: La línea 2.
[la 'linea ðos]
2号线。
🔊 拉-利内阿-多斯

5 de mayo
5月5日

125. Trasbordo
换乘

A: ¿En qué estación tengo que bajar?
[ẽŋ ke esta'θjon 'teŋgo ke βa'xar]
我应该在哪站下车?
恩-盖-埃斯达西翁-丹郭-盖-巴哈尔

B: Tienes que hacer trasbordo en la estación de Prado, cambiar a la línea 1 y bajarte en Goya.
['tjenes ke a'θer tranz'βorðo en la esta'θjon de 'praðo | kam'bjar a la 'linea 'uno i ba'xarte eŋ 'go-ja]
你应该在普拉多站下车,换乘1号线,然后在戈雅站下车。
蒂埃内斯-盖-阿赛尔-德朗斯伯尔多-恩-拉-埃斯达西翁-代-普拉多 坎比阿尔-阿-拉-利内阿-乌诺-伊-巴哈尔德-恩-郭亚

6 de mayo
5月6日

126. Frecuencia de paso
发车间隔

A: ¿Cada cuánto pasa el metro?
['kaða 'kwanto 'pasa el 'metro]
地铁多长时间来一趟？
卡达-官多-巴萨-埃尔-梅德洛

B: Cada cinco minutos.
['kaða 'θiŋko mĩ'nutos]
每5分钟来一趟。
卡达-辛郭-米努多斯

7 de mayo
5月7日

127. Horario de trenes
列车时刻表

A: ¿Me podría dar un horario de trenes?
 [me po'ðria ðar un o'rarjo ðe 'trenes]
 能给我一份列车时刻表吗?
 梅-波迪亚-达尔-温-哦拉利噢-代-德莱内斯

B: Sí, aquí tiene.
 [si | a'ki 'tjene]
 行,给您。
 西 阿基-蒂埃内斯

8 de mayo
5月8日

128. En la taquilla
在售票窗口

A: ¿Cuánto cuesta el billete para Madrid?
['kwanto 'kwesta el βi'ʎete 'para ma'ðrid]
到马德里票价是多少?
官多-古埃斯达-埃尔-比耶代-巴拉-马德利

B: Once euros.
['õnθe 'euros]
11欧元。
翁赛-埃乌洛斯

A: Deme uno en coche cama, por favor.
['deme 'uno eŋ 'kotʃe 'kama | por fa'βor]
请给我1张卧铺票。
代梅-德莱斯 波尔-法波尔

9 de mayo
5月9日

129. La hora de salida
发车时间

A: ¿A qué hora salen los trenes para Sevilla?
[a ke 'ora 'salen los 'trenes 'para se'βiʎa]
去塞维亚的火车几点出发?

阿-盖-哦拉-萨冷-洛斯-德莱内斯-巴拉-赛比亚

B: A ver... Hay uno que sale a las 10.
[a βer | ai 'uno ke 'sale a las djeθ]
我看看……有一趟10点发车。

阿-贝尔 阿伊-乌诺-盖-萨莱-阿-拉斯-迪埃斯

10 de mayo
5月10日

130. ¿Cuánto tiempo queda?
还要多久

A: ¿Cuánto tiempo falta para llegar a Barcelona?
['kwanto 'tjempo 'falta 'para ʎe'gar a βarθe'lona]
到巴塞罗那还要多长时间？

官多-蒂埃波-法尔达-巴拉-耶嘎尔-阿-巴尔塞罗纳

B: Una hora y media.
['una 'ora i 'meðja]
一个半小时。

乌纳-哦拉-伊-梅迪亚

11 de mayo
5月11日

131. Asiento
座位

A: Disculpe, ¿está ocupado este asiento?
[dis'kulpe | es'ta oku'paðo 'este a'sjento]
对不起,这个座位有人吗?

迪斯古尔贝 埃斯达-哦古巴达-埃斯代-阿先多

B: No, está libre.
[no | es'ta 'liβre]
没人。

诺 埃斯达-利布莱

12 de mayo
5月12日

132. El vagón de cola
末节车厢

A: ¿Dónde está el coche restaurante?
['donde es'ta el 'kotʃe restau'rante]
餐车在哪儿?
🔊 东带-埃斯达-埃尔-郭切-莱斯达乌兰代

B: Está en el último vagón.
[es'ta en el 'ultimo βa'gon]
在最后一节车厢。
🔊 埃斯达-恩-埃尔-乌尔迪摩-巴公

13 de mayo
5月13日

133. En autobús
在公交车上

A: ¿Este autobús va a la Puerta del Sol?
['este auto'βuz βa a la 'pwerta ðel sol]
这趟车到太阳门吗?

埃斯代-阿乌多布斯-巴-阿-拉-普埃尔达-代尔-索尔

B: No, éste va a la calle Cervantes. Tiene que coger el 4 y bajarse en la segunda parada.
[no | 'este βa a la 'kaʎe θer'βantes | 'tjene ke ko'xer el 'kwatro i βa'xarse en la se'gunda pa'raða]
不到,这趟车去塞万提斯大街。您得乘4路,在第二站下车。

诺 埃斯代-巴-阿-拉-卡耶-赛尔班代斯 蒂埃内-盖-郭赫尔-埃尔-瓜德洛-伊-巴哈尔赛-恩-拉-赛贡达-巴拉达

14 de mayo
5月14日

134. La próxima parada
下一站

A: ¿Sabe usted cuál es la próxima parada?
[kwal ez la 'proksima pa'raða]
您知道下一站是哪儿吗?
萨贝-乌斯代-瓜尔-埃斯-拉-普洛克西马-巴拉达

B: Me parece que es la plaza de Colón.
[me pa'reθe ke ez la 'plaθa ðe ko'lon]
好像是科隆广场。
梅-巴莱赛-盖-埃斯-拉-普拉撒-代-郭隆

15 de mayo
5月15日

135. Una ayuda
帮助

A: ¿Podría avisarme cuando lleguemos?
[po'ðria aβi'sarme 'kwando ʎe'gemos]
到站时您能告诉我一声吗?
波德利亚-阿比撒尔没-官多-耶格莫斯

B: Vale, yo le aviso.
['bale | 'jo le a'βiso]
行,我会告诉您的。
巴莱 约莱-阿比索

16 de mayo
5月16日

136. Pase usted
请过吧

A: Perdón, ¿se baja en la próxima?

[per'ðon | se 'βaxa en la 'proksima]

对不起,您下站下车吗?

🔊 贝尔东 赛-巴哈-恩-拉-普洛克西马

B: No, pase usted.

[no | 'pase us'ted]

不下,您请过吧。

🔊 诺 巴赛-乌斯代

17 de mayo
5月17日

137. Pedir un taxi
叫出租车

A: ¿Me podrían mandar un taxi cuanto antes?
[me po'ðriam mãn'dar un 'taksi 'kwando 'antes]
能尽快派辆出租车来吗?
梅-波德利扬-曼达尔-温-达克西-官多-安代斯

B: Sí, ¿dónde está usted?
[si | 'donde es'ta us'ted]
好,您在哪儿?
西　东代-埃斯达-乌斯代

18 de mayo
5月18日

138. Subiendo al taxi
上车

A: ¿Está libre?
[es'ta 'liβre]
是空车吗?
🔊 埃斯达-利布莱

B: Sí, suba, suba.
[si | 'suβa | 'suβa]
是的,上车吧。
🔊 西 苏巴-苏巴

19 de mayo
5月19日

139. Dar una vuelta por el centro
去市中心转转

A: ¿Adónde la llevo?
 [a'ðonde la 'ʎeβo]
 您去哪儿?
 阿-东代-莱-耶波

B: Bueno, vamos a dar un paseo por el centro.
 ['bweno | 'bamos a ðar um pa'seo por el 'θentro]
 呃,我们去市中心转转吧。
 布埃诺 巴莫斯-阿-达尔-温-巴赛哦-波尔-埃尔-森德洛

20 de mayo
5月20日

140. Hora de pagar
付车钱

A: Pare aquí, por favor. ¿Cuánto le debo?
['pare a'ki | por fa'βor | 'kwando le 'ðeβo]
请在这儿停车。多少钱?
📣巴莱－阿基 波尔－法波尔 官多－莱－代波

B: Veinte euros.
['beinte 'euros]
20 欧元。
📣贝恩代－埃乌洛斯

21 de mayo
5月21日

141. La duración del vuelo
飞行时长

A: ¿Cuánto se tarda de Madrid a Londres en avión?
['kwanto se 'tarða ðe ma'ðrid a 'londres en a'βjon]
从马德里坐飞机到伦敦要多久?
官多-赛-达尔达-德-马德里-阿-隆德莱斯-恩-阿比温

B: Unas dos horas.
['ũnaz ðos 'oras]
大约两小时。
乌纳斯-多斯-哦拉斯

22 de mayo
5月22日

142. Ida y vuelta
往返

A: Quiero reservar un billete de ida y vuelta para Bilbao.
['kjero reser'βar um bi'ʎete ðe 'iða i 'βwelta 'para βil'βao]
我想预订一张去毕尔巴鄂的往返票。
基埃洛-莱赛尔巴尔-温-比耶代-代-伊达-伊-布埃尔达-巴拉-毕尔巴哦

B: Vale. ¿Para qué día?
['bale | 'para ke 'ðia]
好,哪天的?
巴莱 巴拉-盖-迪亚

23 de mayo
5月23日

143. La clase económica
经济舱

A: ¿Hay plazas a Madrid para mañana?
[ai 'plaθas a ma'ðrid 'para ma'ɲana]
有明天去马德里的机票吗?
🔊 阿伊-普拉萨-阿-马德里-巴拉-马尼亚纳

B: ¿En clase económica?
[ẽŋ 'klase eko'nõmika]
经济舱吗?
🔊 恩-格拉赛-埃郭诺米卡

A: Sí. Un asiento de ventanilla de no fumadores.
[si | un a'sjento ðe βenta'niʎa ðe no fuma'ðores]
对,我想要一个非吸烟区靠窗的位子。
🔊 西 温-阿先多-代-班达尼亚-代-诺-弗马多莱斯

24 de mayo
5月24日

144. Comida a bordo
机上正餐

A: ¿Se sirve comida durante el vuelo?
[se 'sirβe ko'miða ðu'rante el 'βwelo]
飞机上供应正餐吗?
赛-西尔贝-郭米达-杜兰代-埃尔-布埃洛

B: Sí, señora.
[si | se'ɲora]
是的,夫人。
西 赛尼奥拉

25 de mayo
5月25日

145. Para llegar pronto al vuelo
提早到机场

A: ¿Con cuánta antelación tengo que estar en el aeropuerto?
[koŋ 'kwanta antela'θjon 'teŋgo ke es'tar en el aero'pwerto]
我得提前多久到机场?
孔-官多-安代拉西翁-滕郭-盖-埃斯达尔-恩-埃尔-阿埃洛普埃尔多

B: Por lo menos una hora.
[por lo 'mẽnos 'una 'ora]
至少一小时。
波尔-洛-梅诺斯-乌纳-哦拉

26 de mayo
5月26日

146. Las maletas
行李箱

A: ¿Cuántas maletas podemos llevar?
['kwantaz ma'letas po'ðemoz ʎe'βar]
我们可以带几个行李箱？
官达斯-马莱达斯-波代莫斯-耶巴尔

B: Sólo una por persona, pero podéis llevar equipaje de mano.
['solo 'una por per'sona | 'pero po'ðeiz ʎe'βar eki'paxe ðe 'mãno]
一人只能带一个，但你们还可以带手提行李。
索拉门代-乌纳-波尔-贝尔索纳 贝洛-波代伊斯-耶巴尔-埃基巴赫-代-马诺

27 de mayo
5月27日

147. Para el aeropuerto
去机场

A: ¿Hay autobús para ir al aeropuerto?
[ai auto'βus 'para ir al aero'pwerto]
有大巴去机场吗？
阿伊–阿乌多布斯–巴拉–伊尔–阿尔–阿埃洛普埃尔多

B: Sí. Sale de aquí mismo.
[si | 'sale ðe a'ki 'mizmo]
有，就从这儿出发。
西 萨莱–代–阿基–米斯莫

28 de mayo
5月28日

148. Hacer el registro
办理手续

A: ¿Dónde puedo hacer el registro de este vuelo?

['donde 'pweðo a'θer el re'xisgtro ðe 'este 'βwelo]

我在哪儿可以办理这趟航班的手续?

🔊 东代-普埃多-阿赛尔-埃尔-莱西斯德洛-代-埃斯代-布埃洛

B: Por allí, en el mostrador 3.

[por a'ʎi | ẽn el mostra'ðor tres]

在那儿,3号柜台。

🔊 波尔-阿伊 恩-埃尔-莫斯特拉多尔-德莱斯

29 de mayo
5月29日

149. Facturación
托运

A: Quisiera facturar esta maleta.
[ki'sjera faktu'rar 'esta ma'leta]
我要托运这个箱子。
基斯埃拉-法克杜拉尔-埃斯达-马莱达

B: Vale. No pierda el resguardo.
['bale | no 'pjerða el rez'gwarðo]
好的，请保管好行李票。
巴莱 诺-比埃尔达-埃尔-莱斯瓜尔多

30 de mayo
5月30日

150. Puerta de embarque
登机口

A: ¿Cuál es la puerta de embarque?
[kwal ez la 'pwerta ðe em'barke]
登机口是几号？
瓜尔-埃斯-拉-普埃尔达-代-恩巴尔盖

B: La B2.
[la β ðos]
B2号。
拉-贝-多斯

31 de mayo
5月31日

151. Puntualidad
正点到达

A: Azafata, ¿llegaremos a tiempo?
[aθa'fata | ʎega'remos a 'tjempo]
(空中)乘务员,我们会正点到达吗?
阿萨法达　耶嘎莱莫斯-阿-蒂埃波

B: Parece que no.
[pa'reθe ke no]
应该不会。
巴莱赛-盖-诺

A: ¿Y nos vamos a retrasar mucho?
[ĩ noz 'βamos a retra'sar 'mutʃo]
那飞机将晚点很长时间吗?
伊-诺斯-巴莫斯-阿-莱特拉萨尔-穆乔

B: No, media hora como máximo.
[nõ mucho | 'meðja 'ora 'komõ 'maksimo]
不会很长,最多半小时。
诺-木乔　梅迪亚-哦拉-郭莫-马克西莫

1.º de junio
6月1日

152. Declaración
报关

A: ¿Tiene algo que declarar?
['tjene 'algo ke ðekla'rar]
您有什么要申报的吗?
蒂埃内-埃尔郭-盖-德格拉拉尔

B: No, sólo llevo algunos libros y cosas personales.
[no | 'solo λeβo al'gunoz 'liβros i 'kosas perso'nales]
没有,我只带了几本书和一些个人用品。
诺　索洛-埃尔古诺斯-利布罗斯-伊-郭萨斯-贝尔索纳莱斯

2 de junio
6月2日

153. Reintegro de impuestos
退税

A: ¿Dónde se puede hacer el reintegro de impuestos?
['donde se 'pweðe a'θer el rein'tegro ðe im'pwestos]
哪里可以办退税手续?
东德-赛-普埃德-阿赛尔-埃尔-莱因德格洛-德-因普埃斯多斯

B: En el mostrador de allí.
[ẽn el mostra'ðor ðe a'ʎi]
在那边的柜台。
恩-埃尔-莫斯特拉多尔-德-阿伊

3 de junio
6月3日

154. Documento sanitario
健康证明

A: Enseñe su certificado de salud, por favor.
[ẽn'seɲe su θertifi'kaðo ðe sa'lud | por fa'βor]
请出示您的健康证明书。
🔊 恩塞尼埃-苏-赛尔迪菲卡多-德-萨卢德 波尔-法波尔

B: Un momento.
[ũm mõ'mẽnto]
等一下。
🔊 温-莫门多

4 de junio
6月4日

155. Barcos
船

A: ¿Qué día salen los barcos para Barcelona?
[ke 'ðia 'salen loz 'βarkos 'para βarθe'lona]
哪天有船去巴塞罗那？
盖–迪亚–萨冷–洛斯–巴尔郭斯–巴拉–巴尔塞罗纳

B: El lunes.
[el 'lunes]
每周一。
埃尔–鲁内斯

A: Quiero un camarote de primera.
['kjero uŋ kama'rote ðe pri'mera]
我要一张头等舱的票。
基埃洛–温–卡马洛代–代–普利梅拉

5 de junio
6月5日

156. Paradas en el trayecto
中途停靠

A: ¿Cuántas escalas hace?
['kwantas es'kalas 'aθe]
中途停靠几次?
官达斯-埃斯卡拉斯-阿赛

B: Tres.
[tres]
3次。
德莱斯

6 de junio
6月6日

157. La hora de zarpar
起航时间

A: ¿Cuándo zarpamos?
['kwando θar'pamos]
什么时候起航?
官多-萨尔巴莫斯

B: Dentro de media hora.
['dentro ðe 'meðja 'ora]
半小时以后。
登德洛-代-梅迪亚-哦拉

7 de junio
6月7日

158. Mira cómo se pone el sol
看日落

A: Vamos a la cubierta. Quiero mirar la puesta del sol.
['bamos a la ku'βjerta | 'kjero mi'rar la 'pwesta ðel sol]
咱们去甲板吧，我想看日落。
巴莫斯-阿-拉-古比埃尔达　基埃洛-米拉尔-拉-普埃斯达-代尔-索尔

B: No puedo. Estoy mareado y me dan ganas de devolver.
[no 'pweðo | es'toi mare'aðo i me ðaŋ 'ganaz ðe ðeβol'βer]
不行。我头晕，还恶心。
诺-普埃多　埃斯多伊-马莱阿多-伊-梅-丹-嘎纳斯-德-德波尔贝尔

8 de junio
6月8日

159. El alquiler del coche
租车

A: Me gustaría alquilar un coche.
 [me gusta'ria alki'lar uŋ 'kotʃe]
 我想租辆车。
 梅-古斯达利亚-阿尔基拉尔-温-郭切

B: ¿Con chófer o sin chófer?
 [koŋ 'tʃofer o siŋ 'tʃofer]
 带司机还是不带司机？
 孔-乔菲-哦-辛-乔菲

9 de junio
6月9日

160. Plazo de alquiler
租期

A: ¿Para cuántos días?
   ['para 'kwantoz 'ðias]
   租几天？
   巴拉-官多斯-迪亚斯

B: Sólo para hoy.
   ['solo 'para oi]
   就今天。
   索洛-巴拉-哦伊

10 de junio
6月10日

161. Papeleo
表格

A: ¿Le puedo ayudar?
[le 'pweðo aju'ðar]
我能帮您吗?
莱-普埃多-阿尤达尔

B: ¿Me puede decir cómo se llena este formulario?
[me 'pweðe ðe'θir 'komo se 'ʎena 'este formu'larjo]
您能告诉我怎么填写这张表吗?
梅-普埃代斯-代西尔-郭莫-赛-耶纳-埃斯代-佛尔姆拉利哦

11 de junio
6月11日

162. Suspensión de vuelos
航班停飞

A: Se suspendieron los vuelos a causa del tiempo.
[se suspen'djeron loz 'βwelos a 'kausa ðel 'tjempo]
由于天气原因航班停飞了。
赛-苏斯本迪埃隆-洛斯-布埃洛斯-阿-卡乌萨-代尔-蒂埃波

B: ¡Qué mala suerte!
[ke 'mala 'swerte]
真倒霉！
盖-马拉-苏埃尔代

12 de junio
6月12日

163. Plan de vacaciones
旅行计划

A: ¿Vas a salir de viaje durante las vacaciones de verano?
[bas a sa'lir ðe 'βjaxe ðu'rante laz βaka'θjonez ðe βe'rano]
你暑假准备去旅行吗？
巴斯-阿-萨利尔-代-比阿赫-杜兰代-拉斯-巴卡西哦内斯-代-贝拉诺

B: Sí, pienso ir a las islas Canarias.
[si | 'pjenso ir a las 'izlas ka'narjas]
去，我准备去加那利群岛看看。
西 比恩索-伊尔-阿-拉斯-伊斯拉斯-卡纳利阿斯

13 de junio
6月13日

164. ¿Organizado o por libre?
跟旅行社还是自由行

A: ¿Vas a ir con alguna agencia de viajes?
[bas a ir kon al'guna a'xenθja ðe 'βjaxes]
你要跟旅行社去吗?

巴斯-阿-伊尔-孔-阿尔古纳-阿亨夏-代-比阿赫斯

B: No, voy a viajar por mi cuenta, así tengo más flexibilidad.
[no | boi a βja'xar por mi 'kwenta 'para te'ner mas fleksiβili'ðad]
不跟,我自己去,这样更加灵活。

诺 波伊-阿-比阿哈尔-波尔-米-官达-巴拉-代内尔-马斯-弗莱克西比利达

14 de junio
6月14日

165. Guías turísticos
导游

A: ¿Es posible contratar un guía que hable chino?
[es po'siβle kontra'tar uŋ 'gia ke 'aβle 'ʧino]
有可能雇个讲中文的导游吗？
埃斯-波西布莱-孔特拉达尔-温-吉阿-盖-阿布莱-奇诺

B: No creo, aquí muy poca gente habla chino.
[no 'kreo | a'ki mwi 'poka 'xente 'aβla 'ʧino]
不太可能，这里很少有人讲中文。
诺-格莱哦 阿基-姆伊-波卡-亨代-阿布拉-奇诺

15 de junio
6月15日

166. Fotos
相片

A: ¿Se pueden tomar fotos en este salón?
[se 'pweðen to'mar 'fotos en 'este sa'lon]
这个大厅里可以照相吗?
🔊 赛-普埃代-多马尔-佛多斯-恩-埃斯代-萨隆

B: Sí, pero sin flash.
[si | 'pero siŋ flas]
可以，但不能用闪光灯。
🔊 西　贝洛-辛-弗拉史

16 de junio
6月16日

167. Aquí no se fuma
禁止吸烟

A: ¿Tiene fuego?
['tjene 'fwego]
您有火吗?
🔊蒂埃内–富埃郭

B: Sí, pero está prohibido fumar aquí.
[si | 'pero es'ta proi'βiðo fu'mar a'ki]
有,但是这里禁止吸烟。
🔊西　贝洛–埃斯达–普洛伊比多–富马尔–阿基

17 de junio
6月17日

168. Silla de ruedas
轮椅

A: ¿Tiene acceso para silla de ruedas?
['tjene ak'θeso 'para 'siʎa ðe 'rweðas]
轮椅能进吗?
蒂埃内-阿克塞索-巴拉-西亚-德-卢埃达斯

B: Tengo que averiguar.
['teŋgo ke aβeri'gwar]
我得去问问。
滕郭-盖-阿贝利瓜尔

18 de junio
6月18日

169. Tienda de recuerdos
纪念品商店

A: Por favor, ¿hay tienda de recuerdos?
[por fa'βor | ai 'tjenda ðe re'kwerðos]
请问有纪念品商店吗？
波尔-法波尔 阿伊-蒂埃达-代-莱古埃尔多斯

B: Sí, hay una al lado de la salida.
[si | ai 'una al 'laðo ðe la sa'liða]
有，出口旁边有一家。
西 阿伊-乌纳-阿尔-拉多-代-拉-萨利达

19 de junio
6月19日

170. Un plano urbano
城市地图

A: ¿Tiene usted folletos sobre Sevilla?
['tjene us'ted fo'ʎetos 'soβre se'βiʎa]
您有关于塞维亚的宣传材料吗?
蒂埃内-乌斯代-佛耶多斯-索布莱-赛比亚

B: Claro que sí. Aquí tiene.
['klaro ke si | a'ki 'tjene]
当然有,给您。
克拉洛-盖-西 阿基-蒂埃内

A: Gracias. Necesito también un plano de la ciudad.
['graθjas | neθe'sito tam'bjen ũm 'plano ðe la θju'ðad]
谢谢。我还需要一张城市地图。
格拉西阿斯 内赛西多-丹比恩-温-普拉诺-代-拉-西乌达

20 de junio
6月20日

171. ¡Qué gran impresión!
印象深刻

A: ¿Qué ciudad le impresionó más?
   [ke θju'ðad le impresjo'nõ mas]
   您印象最深的是哪个城市？
   盖-西乌达-莱-因普莱西哦诺-马斯

B: Sevilla, es una ciudad hermosa.
   [se'βiʎa | es 'una θju'ðad er'mosa]
   塞维亚,它是个美丽的城市。
   赛比亚　埃斯-乌纳-西乌达-埃尔莫萨

21 de junio
6月21日

172. Extravío
迷路

A: Me he perdido. ¿Podría decirme dónde estamos?

[me e per'ðiðo | po'ðria ðe'θirme 'ðonde es'tamos]

我迷路了。请问我现在是在什么地方？

梅-埃-贝尔迪多 波德利阿-德西尔梅-东德-埃斯达莫斯

B: Ah, estamos en la Plaza Mayor.

[a | es'tamos en la 'plaθa ma'jor]

啊，我们在马约尔广场。

阿 埃斯达莫斯-恩-拉-普拉萨-马约尔

22 de junio
6月22日

173. ¿Cuánto tiempo llevas en...?
在……待多久了

A: ¿Cuánto tiempo llevas en La Habana?
['kwanto 'tjempo 'ʎeβas en la a'βana]
你在哈瓦那待多久了?
官多-蒂埃波-耶巴斯-恩-拉-阿巴纳

B: Unas dos semanas. Llegué a principios de abril.
['ũnas ðos se'mãnas | ʎe'ge a prin'θipjoz ðe a'βril]
差不多两周吧。我4月初到的。
乌纳斯-多斯-塞马纳斯　耶盖-阿-普林西比哦斯-代-阿布利尔

23 de junio
6月23日

174. Lugares de interés
旅游景点

A: ¿Has visitado algunos lugares de interés?
[az βisi'taðo al'gunoz lu'garez ðe inte'res]
你去旅游景点游玩了吗?
阿斯-比西达多-阿尔古诺斯-卢嘎莱斯-代-因代莱斯

B: Sí, he estado en el Capitolio y en el Morro.
[si | e es'taðo en el kapi'toljo i en el 'moro]
是的,我去了国会大楼和摩洛城堡。
西 埃-埃斯达多-恩-埃尔-卡比多利哦-伊-埃尔-莫洛

24 de junio
6月24日

175. Merece la pena
值得

A: ¿Todavía no has estado en la Catedral?
[toða'βia no as es'taðo en la kate'ðral]
你还没去过大教堂吗？
多达比阿-诺-阿斯-埃斯大多-恩-拉-卡代德拉尔

B: No. A lo mejor iré la próxima semana.
[no | a lo me'xor i're la 'proksima se'mãna]
没有，也许我下周会去。
诺　阿洛-梅霍尔-伊莱-拉-普洛克西马-赛马纳

A: Tienes que ir sin falta. Vale la pena verla.
['tjenes ke ir siŋ 'falta | 'bale la 'pena βela]
你一定要去。那里值得一看。
蒂埃内斯-盖-伊尔-辛-法尔达　巴莱-拉-贝纳-贝尔拉

25 de junio
6月25日

176. Construcciones
建筑

A: Mira, ¿qué es aquella construcción?
['mira | ke es a'keʎa konstruk'θjon]
你看，那是什么建筑？
🔊 米拉 盖-孔斯德鲁克西翁-埃斯-阿盖亚

B: Es el Memorial José Martí.
[es el mẽmo'rjal xo'se mar'ti]
那是何塞·马蒂纪念碑。
🔊 埃斯-埃尔-梅莫利阿尔-霍赛-马尔迪

26 de junio
6月26日

177. Edificios históricos
历史古迹

A: ¿Cuándo se construyó la iglesia?
　 ['kwando se konstru'jo la i'glesja]
　 教堂什么时候建成的?
　 官多-赛-孔斯德鲁哟-拉-伊格莱夏

B: A finales del siglo XVI.
　 [a fi'nalez ðel 'siglo ðje'θiseiŋs]
　 16世纪末。
　 阿-菲纳莱斯-代尔-西格洛-金赛

27 de junio
6月27日

178. ¡Vaya cuesta!
太难爬了

A: No tengo fuerza para subir hasta arriba.
[no 'teŋgo 'fwerθa 'para su'βir 'asta a'riβa]
我没力气爬到山顶了。
🔊 诺-滕郭-富埃尔萨-巴拉-苏比尔-阿斯达-阿利巴

B: Venga. No seas vaga.
['beŋga | no 'seaz 'βaga]
加油。别偷懒。
🔊 本嘎 诺-赛阿斯-巴嘎

28 de junio
6月28日

179. En la playa
在海滩

A: En esta playa no hay socorrista.
[ẽn 'esta 'plaja no ai soko'rista]
这个海滩没有救生员。
恩-埃斯达-普拉亚-诺-阿伊-索郭利斯达

B: Entonces no es seguro nadar aquí.
[ẽn'tonθez no es se'guro na'ðar a'ki]
那在这儿游泳很不安全。
恩东塞斯-诺-埃斯-塞古洛-纳达尔-阿基

29 de junio
6月29日

180. Hamacas y sombrillas
躺椅和太阳伞

A: Perdón. Estas hamacas y sombrillas son sólo para los huéspedes del hotel.
[per'ðon | 'estas a'makas i som'briʎas son 'solo 'para los wes'peðez ðel o'tel]
对不起，这些躺椅和太阳伞是酒店客人专用的。
贝尔东 埃斯达斯-阿马卡斯-伊-松布利亚斯-松-索洛-巴拉-洛斯-乌艾斯贝德斯-德尔-哦德尔

B: ¿No se alquilan?
[no se al'kilan]
不出租吗？
诺-赛-阿尔基兰

30 de junio
6月30日

181. El itinerario
日程安排

A: Aquí tiene su itinerario. Revíselo por favor.
[a'ki 'tjene su itine'rarjo | re'βiselo por fa'βor]
这是你的日程安排，请过目。
阿基-蒂埃内-苏-伊迪内拉利哦 莱比赛洛-波尔-法波尔

B: Me gustaría hacer compras después de la visita.
[me gusta'ria a'θer 'kompraz ðes'pwez ðe la βi'sita]
我想在访问结束后去购物。
梅-古斯达利阿-阿赛尔-贡普拉斯-德斯普埃斯-德-拉-比西达

1.º de julio
7月1日

182. Revelar fotos
冲洗胶卷

A: Quiero revelar unos rollos.
['kjero reβe'lar 'unoz 'roʎos]
我想冲洗几个胶卷。
🔊 基埃洛-莱贝拉尔-乌诺斯-洛约斯

B: ¿En color o en blanco y negro?
[ẽŋ ko'lor o em 'blaŋko i 'negro]
彩色的还是黑白的?
🔊 恩-郭洛-哦-恩-布兰郭-伊-内格洛

2 de julio
7月2日

183. En Correos
在邮局

A: Quería mandar esta carta a China.
 [ke'ria mãn'dar 'esta 'karta a 'tʃina]
 我想寄这封信到中国。
 盖利亚-曼达尔-埃斯达-卡尔达-阿-奇纳

B: ¿Urgente o normal?
 [ur'xente o nor'mal]
 急件还是普通件?
 乌尔亨代-哦-诺尔马尔

A: Urgente y certificada, por favor.
 [ur'xente i θertifi'kaða | por fa'βor]
 请寄挂号的急件。
 乌尔亨代-伊-赛尔迪菲卡达 波尔-法波尔

3 de julio
7月3日

184. El franqueo
邮资

A: ¿Cuánto es el franqueo de una carta a Estados Unidos?
['kwanto es el fraŋ'keo ðe 'una 'karta a es'taðos u'niðos]
寄到美国的信件邮资是多少？
官多-埃斯-埃尔-弗兰盖哦-代-乌纳-卡尔达-阿-埃斯达多-乌尼多斯

B: ¿Por correo ordinario o por avión?
[por ko'reo orði'narjo o por a'βjon]
是平信还是航空信？
波尔-郭莱哦-哦尔迪纳利哦-哦-波尔-阿比翁

A: Por avión.
[por a'βjon]
航空信。
波尔-阿比翁

3 de julio
7月3日

B: Dos euros, si no sobrepasa los 20 gramos.

[dos 'euros si no soβre'pasa los 'βeinte 'gramos]

如果不超过20克,是2欧元。

🔊 多斯-埃乌洛斯-西-诺-索布莱巴萨-洛斯-本代-格拉莫斯

4 de julio
7月4日

185. Telegrama
电报

A: Aquí también se pueden enviar telegramas, ¿verdad?

[a'ki tam'bjen se 'pweðen em'bjar tele'gramas | ber'ðad]

这里也能发电报,是吗?

🔊 阿基-丹比恩-赛-普埃登-恩比阿尔-代莱格拉马斯　贝尔达

B: No, los telegramas son en la segunda ventanilla.

[no | los tele'gramas son ẽn la se'gunda βenta'niʎa]

不,发电报在第二个窗口。

🔊 诺　洛斯-代莱格拉马斯-松-恩-拉-赛贡达-本达尼亚

5 de julio
7月5日

186. Sellos
邮票

A: Por favor deme dos sellos de 60 céntimos y uno de 80.
[por fa'βor 'ðeme ðos 'seʎoz ðe se'senta 'θentimos i 'uno ðe o'ʧenta]
请给我两张60分和一张80分的邮票。
波尔-法波尔-德梅-多斯-赛哟斯-代-赛森达-森迪莫斯-伊-乌诺-代-哦千大

B: Son dos euros todo.
[son dos 'euros 'toðo]
一共2欧元。
松-多斯-埃乌洛斯-多多

6 de julio
7月6日

187. Habitación libre
空房

A: ¿En qué puedo servirle?
[ẽŋ ke 'pweðo ser'βirle]
您有什么吩咐?
恩-盖-普埃多-赛尔比尔莱

B: ¿Tienen habitación libre para esta noche?
['tjenẽn aβita'θjon 'liβre 'para 'esta 'notʃe]
今晚有空房吗?
蒂埃嫩-阿比达西翁-利布莱-巴拉-埃斯达-诺切

A: Sí. ¿Ha hecho una reservación?
[si | a 'etʃo 'una reserβa'θjon]
有,您预订了吗?
西 阿-埃乔-乌纳-莱赛尔巴西翁

7 de julio
7月7日

188. Reservación
预订

A: Quería reservar una habitación para el día 2.
[ke'ria reser'βar 'una aβi'taθjom 'para el 'dia ðos]
我要预订2日的一间房。
盖利亚-莱赛尔巴-乌纳-阿比达西翁-巴拉-埃尔-迪阿-多斯

B: ¿Cómo la quiere? ¿Doble o individual?
['komo la 'kjere | 'doβle o indiβi'ðwal]
您要什么样的房间？双人的还是单人的？
郭莫-拉-基埃莱　多布莱-哦-因迪比杜阿尔

A: Doble, pero de dos camas individuales.
['doβle | 'pero ðe ðos 'kamas indiβi'ðwales]
双人间，但要有两张单独的床。
多布莱　贝洛-德-多斯-卡马斯-因迪比杜阿莱斯

8 de julio
7月8日

189. ¿A nombre de quién?
用谁的名字

A: ¿A nombre de quién?
[ã 'nõmbre ðe kjen]
用谁的名字预订?
🔊 阿-农布莱-代-戈延

B: De Li Ling.
[de li ling]
李玲。
🔊 李-玲

9 de julio
7月9日

190. La tarifa del hotel
酒店房费

A: ¿Cuánto vale la habitación?
['kwanto 'βale la aβita'θjon]
房费是多少?
官多-巴莱-拉-阿比达西翁

B: Cincuenta euros con desayuno incluido, más IVA.
[θiŋ'kwenta 'euros kon desa'juno iŋ'klwiðo | mas 'iβa]
50欧元,包括早餐,增值税另付。
辛官达-埃乌洛斯-孔-代萨尤诺-因格卢伊多马斯-伊巴

10 de julio
7月10日

191. Formas de pago
支付方式

A: ¿Aceptan cheques de viajero?
[a'θeptaŋ 'ʧekez ðe βja'xero]
你们收旅行支票吗?
🔊 阿赛普丹-切盖斯-代-比阿赫洛

B: No, lo siento. Sólo aceptamos tarjetas de crédito, o en efectivo.
[no | lo 'sjento | 'solo aθep'tamos tar'xetaz ðe 'kreðito o en efek'tiβo]
对不起,我们只接受信用卡或现金。
🔊 诺　洛-先多　索洛-阿赛普达摩斯-达尔赫达斯-代-格莱迪多-哦-恩-埃菲克迪波

11 de julio
7月11日

192. El pasaporte
护照

A: ¿Me da su pasaporte, por favor?
[me ða su pasa'porte | por fa'βor]
护照请给我看一下好吗?
梅-达-苏-巴萨波尔代 波尔-法波尔

B: Aquí lo tiene.
[a'ki lo 'tjene]
给您。
阿基-洛-蒂埃内

12 de julio
7月12日

193. La llave
钥匙

A: Aquí tiene la llave. Está en el segundo piso.
[a'ki 'tjene la 'ʎaβe | es'ta en el se'gundo 'piso]
给您钥匙。房间在2楼。
阿基-蒂埃内-拉-亚贝 埃斯达-恩-埃尔-赛贡多-比索

B: ¿Podría enviar a alguien para subir el equipaje?
[po'ðria em'bjar a 'algjem 'para su'βir el eki'paxe]
您能派人把行李搬上去吗?
波德利阿-恩比阿尔-阿-阿尔基恩-巴拉-苏比尔-埃尔-埃基巴赫

13 de julio
7月13日

194. Cosas de valor
贵重物品

A: ¿Puedo dejar aquí mis cosas de valor?
['pweðo ðe'xar a'ki mis 'kosaz ðe βa'lor]
我能把贵重物品放在这儿吗?
普埃多-代哈尔-阿基-米斯-郭萨斯-代-巴洛尔

B: Sí, tenemos caja fuerte.
[si | te'nẽmos 'kaxa 'fwerte]
可以,我们有保险箱。
西 代内莫斯-卡哈-弗埃尔代

14 de julio
7月14日

195. Tengo que madrugar
我得早起

A: ¿Me podrían despertar a las siete de la mañana?
[me po'ðrian desper'tar a las 'sjete ðe la ma'ɲana]
可以在早上7点叫醒我吗?
梅–波德利安–代斯贝尔达斯–阿–拉斯–西埃代–代–拉–马尼亚纳

B: No hay problema.
[no ai pro'βlema]
没问题。
诺–阿伊–普洛布莱马

15 de julio
7月15日

196. Correo electrónico
电子邮箱

A: ¿Tienes correo electrónico?
['tjenes ko'reo elek'troniko]
你有电子邮箱吗?
🔊 蒂埃内斯-郭莱哦-埃莱克德洛尼郭

B: Sí, toma. A ver si estamos en contacto.
[si | 'toma | a βer si es'tamos eŋ kon'takto]
有,给你。我们保持联系吧。
🔊 西 多马 阿-贝尔-西-埃斯达莫斯-恩-孔达克多

16 de julio
7月16日

197. Es una broma
开玩笑

A: Compré un chalé con vistas al mar.
[kom'pre un tʃa'le kom 'bistas al mar]
我买了一个带海景的别墅。
🔊 孔普莱-温-恰莱-孔-比斯达斯-阿尔-马尔

B: ¡Hombre! ¿Estás bromeando?
['ombre | es'taz βrome'ando]
你在开玩笑吧?
🔊 温布莱 埃斯达斯-布洛梅安多

17 de julio
7月17日

198. Bien entendido
听懂了

A: ¿Sabes de qué estoy hablando?
['saβez ðe ke es'toi a'βlando]
你明白我在说什么吗?
萨贝斯-德-盖-埃斯多伊-阿布兰多

B: Sí, lo endiendo todo.
[si | lo en'djendo 'toðo]
是的,我都听懂了。
西 洛-恩蒂埃多-多多

18 de julio
7月18日

199. Una discusión civilizada
文明的争论

A: No quiero discutir contigo, pero creo que estás equivocado.
[no 'kjero ðisku'tir kon'tigo | 'pero 'kreo ke es'tas ekiβo'kaðo]
我不想跟你争论，但我认为你不对。
诺-基埃罗-迪斯古迪尔-孔迪郭 贝洛-格莱哦-盖-埃斯达斯-埃基波卡多

B: Tú tienes tu punto de vista y yo tengo el mío.
[tu 'tjenes tu 'punto ðe 'βista i jo 'teŋgo el 'mio]
你有你的观点，我有我的观点。
杜-蒂埃内斯-杜-蓬多-德-比斯达-伊-滕郭-埃尔-米哦

19 de julio
7月19日

200. ¡Qué va!
哪里

A: Bastante molestia le he causado.
  [bas'tante mo'lestja le e kau'saðo]
  给您添麻烦了。
  巴斯丹德-莫赖斯迪阿-莱-埃-卡乌萨多

B: ¡Qué va! Nada de eso. Aquí tiene su casa.
  [ke βa | 'naða ðe 'eso | a'ki 'tjene su 'kasa]
  哪里！谈不上麻烦。这儿就是您的家。
  盖-巴 纳达-德-埃索 阿基-蒂埃内-苏-卡萨

20 de julio
7月20日

201. La culpa
过错

A: Perdóname. Lo dije sin querer.
[per'ðonãme | lo 'ðixe siŋ ke'rer]
对不起，我无意说的。
🔊贝尔多纳梅 洛-迪赫-辛-盖莱尔

B: No, fue mi culpa.
[no | fwe mi 'kulpa]
不，是我的错。
🔊诺 富埃-米-古尔巴

21 de julio
7月21日

202. Cambio de divisas
外汇汇率

A: ¿A cuánto está el cambio hoy?
[a 'kwanto es'ta el 'kambjo oi]
今天汇率是多少?
阿-官多-埃斯达-埃尔-坎比哦-哦伊

B: ¿De euros a dólares?
[de 'euros a 'ðolares]
欧元对美元吗?
代-埃乌洛斯-阿-多拉莱斯

22 de julio
7月22日

203. Billetes pequeños
小面额纸币

A: ¿Cuánto quiere cambiar?
['kwanto 'kjere kam'bjar]
您要换多少?
官多-基埃莱-坎比阿尔

B: Cien euros. Haga el favor de darme billetes pequeños.
[θjen 'euros | 'aga el fa'βor ðe 'ðarme βi'ʎetes pe'keɲos]
100欧元。请给我小面额的纸币。
西恩-埃乌洛斯 阿嘎-埃尔-法波尔-代-达尔梅-比耶代斯-贝盖尼哦斯

23 de julio
7月23日

204. Una cuenta bancaria
银行账户

A: Quisiera abrir una cuenta.
[ki'sjera a'βrir 'una 'kwenta]
我想开个账户。
基西埃拉-阿布里尔-乌纳-官达

B: ¿Tiene usted permiso de residencia?
['tjene us'ted per'miso ðe resi'ðenθja]
您有居留证吗?
蒂埃内-乌斯代-贝尔米所-代-莱西登夏

24 de julio
7月24日

205. Número de cuenta
账号

A: Vengo para ver si han ingresado en mi cuenta un dinero.
['beŋgo 'para βer si an iŋgre'saðo em mi 'kwenta un di'nero]
我来看看有一笔钱是不是到我的账上了。
本郭-巴拉-贝尔-西-安-因格莱萨多-恩-米-官达-温-迪内洛

B: Deme el número de cuenta, por favor.
['deme el 'nũmero ðe 'kwenta | por fa'βor]
劳驾把您的账号给我。
德梅-埃尔-努梅洛-德-官达 波尔-法波尔

25 de julio
7月25日

206. Síntomas
症状

A: ¿Qué le pasa?
[ke le 'pasa]
您怎么了?
盖-莱-巴萨

B: Tengo la nariz tapada y me duele la cabeza.
['teŋgo la na'riθ ta'paða i me 'ðwele la ka'βeθa]
我鼻塞,还头疼。
滕郭-拉-纳利斯-达巴达-伊-梅-杜埃莱-拉-卡贝萨

26 de julio
7月26日

207. Tos
咳嗽

A: ¿También tiene tos?
   [tam'bjen 'tjene tos]
   你也咳嗽吗?
   🔊 丹比恩-蒂埃内-多斯

B: Sí, sobre todo por la noche.
   [si | 'soβre 'toðo por la 'notʃe]
   对,特别是晚上。
   🔊 西 索布莱-多多-波尔-拉-诺切

27 de julio
7月27日

208. Dolor de garganta
喉咙疼

A: ¿Le duele la garganta?
[le 'ðwele la gar'ganta]
您喉咙疼吗?
莱-杜埃莱-拉-嘎尔甘达

B: Sí, es que no puedo ni comer.
[si | es ke no 'pweðo ni ko'mer]
对,疼得都没法吃饭了。
西　埃斯-盖-诺-普埃多-尼-郭梅尔

A: A ver, abra la boca y saque la lengua.
[a βer | 'aβra la 'βoka i 'sake la 'leŋgwa]
来,张开嘴,伸出舌头。
阿-贝尔　阿布拉-拉-波卡-伊-萨盖-拉-冷瓜

28 de julio
7月28日

209. No se preocupe
别担心

A: Déjeme ver. Relájese y respire hondo.
['dexeme βer | re'laxese i res'pire 'ondo]
让我看看。放松，深呼吸。
🔊 代哈梅-贝尔　莱拉赫塞-伊-莱斯比莱-翁多

B: ¿Es grave, doctora?
[ez 'graβe | dok'tora]
医生，严重吗？
🔊 埃斯-格拉贝　多克多尔

A: No, no es nada.
[no | no ez 'naða]
不严重，没有大碍。
🔊 诺　诺-埃斯-纳达

29 de julio
7月29日

210. Diagnóstico
诊断

A: Está resfriado. Tome estas pastillas.
[es'ta res'frjaðo | 'tome 'estas pas'tiʎas]
您感冒了。吃点儿药吧。
埃斯达-拉斯福利阿多　多梅-埃斯达斯-巴斯蒂亚斯

B: ¿Cada cuánto?
['kaða 'kwanto]
怎么吃?
卡达-官多

A: Tres veces al día, después de las comidas.
[trez 'βeθes al 'dia | 'despwez ðe las ko'miðas]
一天三次,饭后吃。
德莱斯-贝赛斯-阿尔-迪阿　代斯普埃斯-代-拉斯-郭米达斯

30 de julio
7月30日

211. Guardar cama
卧床休息

A: ¿Tengo que guardar cama?
['teŋgo ke gwar'ðar 'kama]
我需要卧床休息吗?
🔊 滕郭-盖-瓜尔达尔-卡马

B: No, no es necesario.
[no | no ez neθe'sarjo]
不用,没有必要。
🔊 诺　诺-埃斯-内塞萨里哦

31 de julio
7月31日

212. Tomar la temperatura
量体温

A: Voy a tomarle la temperatura.
[boi a to'marle la tempera'tura]
我来给你量一量体温。
波伊–阿–多马尔莱–拉–滕贝拉杜拉

B: ¿Me va a dar una inyección después?
[me βa a ðar 'una injek'θjon'despwez]
然后您会给我打针吗?
梅–巴–阿–达尔–乌纳–因耶克西翁–代斯普埃斯

A: Me parece que sí.
[pa'reθe ke si]
我想是的。
梅–巴莱赛–盖–西

1.º de agosto
8月1日

213. Mejorarse
康复

A: Muchas gracias, doctora.
['mutʃaz 'graθjas | dok'tora]
谢谢您,医生。
🔊 穆恰斯-格拉西阿斯　多克多尔

B: Hasta luego y que se mejore pronto.
['asta 'lwego i ke se me'xore 'pronto]
再见,祝您早日康复。
🔊 阿斯达-卢埃郭-伊-盖-赛-梅霍莱-普隆多

2 de agosto
8月2日

214. Ingresarse
住院

A: Tiene que ingresar al hospital. Le vamos a operar.

['tjene ke iŋgre'sar al ospi'tal | le 'βamos a ope'rar]

您得住院。我们要给你动手术。

蒂埃内-盖-因格莱萨尔-阿尔-哦斯比达尔 莱-巴莫斯-阿-哦贝拉尔

B: Está bien. Voy a pedir unos días de baja.

[es'ta βjen | boi a pe'ðir 'unoz 'ðiaz ðe 'βaxa]

好吧。我去请几天假。

埃斯达-比恩　波伊-阿-贝迪尔-乌诺斯-迪阿斯-代-巴哈

3 de agosto
8月3日

215. El alta hospitalaria
出院

A: ¿Cuándo me dan el alta?
['kwando me ðan el 'alta]
什么时候让我出院?
官多-梅-达兰-埃尔-阿尔达

B: Tenga paciencia. Ya en una semana podrá salir.
['teŋga pa'θjenθja | 'ja en 'una se'mãna po'ðra sa'lir]
耐心点。一周之后您就能离开了。
丹嘎-巴西恩夏　亚-恩-乌纳-塞马纳-波特拉-萨利尔

4 de agosto
8月4日

216. ¡Qué bien!
太好了

A: Me siento mucho mejor.
[me 'sjento 'mutʃo me'xor]
我感觉好多了。
📢 梅-先多-穆乔-梅霍尔

B: ¡Qué bien! Me alegro.
[ke βjen | me a'legro]
太好了！我真高兴。
📢 盖-比恩　梅-阿莱格洛

5 de agosto
8月5日

217. En la farmacia
在药店

A: ¿Qué desea?
[ke ðe'sea]
您需要什么?
盖-代赛阿

B: Tengo náuseas y un poco de diarrea. ¿Qué puedo tomar?
['teŋgo 'nauseas i um 'poko ðe ðja'rea | ke 'pweðo to'mar]
我恶心,还有点儿拉肚子。该吃点什么药?
滕郭-纳乌塞阿斯-伊-温-波郭-代-迪阿莱阿　盖-普埃多-多马尔

6 de agosto
8月6日

218. Tomar alcohol
喝酒

A: ¿Puedo tomar alcohol?
['pweðo to'mar alko'ol]
我可以喝酒吗?
普埃多-多马尔-阿尔郭哦尔

B: No. Además, beba mucha agua.
[no | aðe'mas | 'beβa 'mutʃa 'agwa]
不可以。另外,注意多喝水。
诺　阿代马斯　贝巴-穆恰-阿瓜

7 de agosto
8月7日

219. Jarabe
糖浆

A: ¿Qué puedo tomar para la tos?
[ke 'pweðo to'mar 'para la tos]
咳嗽吃什么药好呢?
盖-普埃多-多马尔-巴拉-拉-多斯

B: Seguro que este jarabe le va bien. Además, trate de no hablar mucho.
[se'guro ke 'este xa'raβe te ba βjen | aðe'mas | 'trate ðe no a'βlar 'mutʃo]
这个糖浆对你一定有效。另外,避免多说话。
塞古洛-盖-埃斯代-哈拉贝-莱-巴-比恩　阿代马斯　特拉代-代-诺-阿布拉尔-穆乔

8 de agosto
8月8日

220. Espaguetis a la italiana
意大利面

A: ¿Qué le pongo?
[ke le 'poŋgo]
您要点儿什么?
盖-莱-彭郭

B: Me da un paquete de espaguetis, por favor.
[me ða um pa'kete ðe espa'getis | por fa'βor]
请给我一包意大利面。
梅-达-温-巴盖代-德-埃斯巴盖迪斯　波尔-法波尔

9 de agosto
8月9日

221. Tomates
番茄

A: ¿Desea algo más?
   [de'sea 'algo mas]
   还要别的吗?
   德赛阿-阿尔郭-马斯

B: ¿Tiene tomates? Necesito medio kilo.
   ['tjene to'mates | neθe'sito 'meðjo 'kilo]
   有番茄吗？我要半斤。
   蒂埃内-多马代斯　内塞西多-梅迪哦-基洛

10 de agosto
8月10日

222. Vinagre
醋

A: ¿Es todo?
[es 'toðo]
这就是全部了?
埃斯-多多

B: No, me pone dos barras de pan y una botella de vinagre.
[no | me 'pone ðoz 'βaraz ðe pan i 'una βo'teʎa ðe βi'nagre]
不,请再给我两块面包和一瓶醋。
诺　梅-波内-多斯-巴拉斯-德-班-伊-乌纳-波德亚-德-比纳格莱

11 de agosto
8月11日

223. Cordero
羊肉

A: ¿A cuánto está el kilo de cordero?
   [a 'kwanto es'ta el 'kilo ðe kor'ðero]
   羊肉多少钱一斤?
   阿-官多-埃斯达-埃尔-基洛-德-郭尔德洛

B: A 15 pesos.
   ['kinθe 'pesos]
   15 比索。
   金赛-贝索斯

12 de agosto
8月12日

224. En la tienda de ropa
在服装店

A: ¿Qué desea?
[ke ðe'sea]
您想要什么？
盖-代赛阿

B: Busco unos pantalones para llevar con esta blusa.
['busko 'unos panta'lones 'para ʎe'βar kon 'esta 'βlusa]
我想买条裤子来配这件衬衣。
布斯郭-乌诺斯-班达洛内斯-巴拉-耶巴尔-共-埃斯达-布鲁萨

13 de agosto
8月13日

225. Talla
尺码

A: ¿Qué talla tiene?

[ke 'taʎa 'tjene]

您穿多大码的?

盖-达亚-蒂埃内

B: No sé..., la 38 o la 40.

[no se | la 'treinta i 'otʃo o la kwa'renta]

不知道……38或40吧。

诺-塞　拉-德尔恩达伊哦乔-哦-瓜冷达

14 de agosto
8月14日

226. Material
面料

A: ¿De qué material prefiere?
[de ke mate'rjal pre'fiere]
您想要什么面料的呢?

盖-马德利阿尔-普莱菲埃莱

B: De algodón.
[de algo'ðon]
棉的。

阿尔郭东

15 de agosto
8月15日

227. Color
颜色

A: ¿De qué color los quiere?
[de ke ko'lor los 'kjere]
您要什么颜色的呢?
📢 代-盖-郭洛尔-洛斯-基埃莱

B: Negros.
['negros]
黑色。
📢 内格洛斯

16 de agosto
8月16日

228. El probador
试衣间

A: ¿Me lo puedo probar?
[me lo 'pweðo pro'βar]
我可以试试吗?
📢 梅-洛-普埃多-普洛巴尔

B: Sí, claro. Los probadores están al fondo del pasillo.
[si | 'klaro | los proβa'ðores es'tan al 'fondo ðel pa'siʎo]
当然可以。试衣间在走廊尽头。
📢 西　格拉罗　洛斯-普洛巴多雷斯-埃斯丹-阿尔-丰多-德尔-巴西哟

17 de agosto
8月17日

229. No me queda muy bien
我穿着不太合适

A: ¿Cómo le queda?
['komo le 'keða]
您穿着怎样?
🔊 郭莫-莱-盖达

B: Me queda un poco estrecho. ¿Me podría traer una talla más grande?
[me 'keða um 'poko es'tretʃo | me po'ðria tra'er 'una 'taʎa maz 'grande]
我穿着有点紧。您可以给我拿大一号的吗?
🔊 梅-盖达-温-波郭-埃斯德雷乔　梅-波德利阿-特拉埃尔-乌纳-达亚-马斯-格兰德

18 de agosto
8月18日

230. El último grito
最新款

A: ¿Qué precio tiene esta chaqueta?
[ke 'preθjo 'tjene 'esta tʃa'keta]
这外衣多少钱？
盖-普雷西哦-蒂埃内-埃斯达-恰盖达

B: Cincuenta soles.
[θiŋ'kwenta 'soles]
50索尔。
辛官达-索莱斯

A: ¡Qué cara! ¿No tienen otra más barata?
[ke 'kara | no 'tjenẽn 'otra maz βa'rata]
太贵了！没有更便宜的吗？
盖-卡拉 诺-蒂埃嫩-哦特拉-马斯-巴拉达

B: Sí, pero ésta es de la última moda, y la calidad es muy buena.
[si | 'pero 'esta ez ðe la 'ultimã 'moða i la kali'ðad ez mwi 'βwena]

18 de agosto
8月18日

有，但是这件是最新款，而且质量很好。

🔊 西　贝罗-埃斯达-埃斯-德-拉-乌尔迪马-莫达-伊-拉-卡利达-埃斯-穆伊-布埃纳

19 de agosto
8月19日

231. El escaparate
橱窗

A: ¿Podría enseñarme una corbata como ésa del escaparate?
[po'ðria ense'arme 'una kor'βata 'komo 'esa del eskapa'rate]
能拿一条像橱窗里那样的领带给我看看吗?
波德利阿-恩赛尼亚尔梅-乌纳-郭尔巴达-郭莫-埃萨-恩-埃尔-埃斯卡巴拉德

B: ¡Cómo no! Aquí la tiene.
['komõ no | a'ki la 'tjene]
当然了,给您。
郭莫-诺　阿基-拉-蒂埃内

20 de agosto
8月20日

232. La caja
收银台

A: Muy bien, me la llevo.
　　[mwi βjen | me la 'ʎeβo]
　　很好，我买下了。
🔊 穆伊-比恩　梅-拉-耶波

B: Pase por caja, por favor.
　　['pase por 'kaxa | por fa'βor]
　　请到收银台付款。
🔊 巴赛-波尔-卡哈　波尔-法波尔

21 de agosto
8月21日

233. Envoltorio para regalo
礼品包装

A: ¿Dónde pueden envolvérmelo para regalo?

['donde 'pweðen ẽmbol'βermelo 'para re'galo]

哪里可以进行礼品包装?

东德-普埃登-恩波尔贝尔梅洛-巴拉-莱嘎洛

B: En la planta baja.

[ẽn la 'planta 'βaxa]

在一层。

恩-拉-普兰达-巴哈

22 de agosto
8月22日

234. Un descuento
打折

A: ¿Me hace un descuento?
[me 'aθe un des'kwento]
能打个折吗?
🔊 梅-阿赛-温-德斯官多

B: Lo siento, es que tenemos tarifa fija.
[lo 'sjento | es ke te'nẽmos ta'rifa 'fixa]
对不起,我们的价格是固定的。
🔊 洛-先多　埃斯-盖-德内莫斯-达利发-菲哈

23 de agosto
8月23日

235. Factura
发票

A: ¿Me puede dar una factura?
[me 'pweðe ðar 'una fak'tura]
能开张发票给我吗?
梅-普埃德-达尔-乌纳-法克杜拉

B: Sí. Espere un segundo.
[si | es'pere un se'gundo]
行。请稍等。
西　埃斯贝莱-温-赛棍多

24 de agosto
8月24日

236. En la tienda de flores
在花店

A: Quería encargar un ramo de rosas.
[ke'ria eŋkar'gar un 'ramo ðe 'rosas]
我想订一束玫瑰花。
盖利亚-恩噶尔噶尔-温-拉莫-德-罗萨斯

B: ¿De qué color?
[de ke ko'lor]
什么颜色的？
德-盖-郭洛尔

25 de agosto
8月25日

237. Cocina francesa
法国菜

A: ¿Conoce algún restaurante francés cerca de aquí?
[ko'noθe al'gun restau'rante fran'θes 'θerka ðe a'ki]
您知道附近哪儿有法国餐厅吗?
郭诺塞-阿尔滚-莱斯达乌兰德-福兰赛斯-赛尔卡-德-阿基

B: Sí, dos calles más adelante hay uno.
[si | dos 'kaʎez mas aðe'lante ai 'uno]
知道,往前走两条街有一个。
西 多斯-卡耶斯-马斯-阿德兰德-阿伊-乌诺

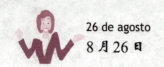

26 de agosto
8月26日

238. Ya no hay mesas
没有空桌了

A: Quería reservar una mesa para dos a las 10 de la noche.
[ke'ria reser'βar 'unã 'mesa 'para ðos a las 'ðjeθ ðe la 'notʃe]
我想预订一张今晚10点两个人的桌子。
盖利阿-莱塞尔巴尔-乌纳-梅萨-巴拉-多斯-阿-拉斯-西埃德-德-拉-诺切

B: Lo siento, ya no queda mesa libre.
[lo 'sjento | ja no 'keða 'mesa 'liβre]
对不起，没有空桌了。
洛-先多　亚-诺-盖达-梅萨-利布莱

西班牙的用餐时间与中国不一样，午餐时间一般是下午2:00到3:00之间，晚餐时间则是晚上9:00至10:00。

27 de agosto
8月27日

239. La carta
菜单

A: Oiga, por favor, ¿me trae la carta?
['oiga | por fa'βor | me 'trae la 'karta]
您好,请拿一下菜单。
哦伊噶　波尔-法波尔　梅-特拉埃-拉-卡尔达

B: Aquí está. ¿Va a pedir ya?
[a'ki es'ta | ba a pe'ðir ja]
给您。您现在点菜吗?
阿基-埃斯达　巴-阿-贝迪尔-亚

28 de agosto
8月28日

240. Paella
海鲜饭

A: ¿Qué va a comer?
[ke ba a ko'mer]
您要吃什么？
盖-巴-阿-郭梅尔

B: De primero, una ensalada de atún. De segundo..., no sé. ¿Qué me recomienda?
[de pri'mero | 'ũna ensa'laða ðe a'tun | de se'gundo | no se | ke me reko'mjenda]
第一道菜，一个金枪鱼沙拉。第二道菜……我不知道。您给我推荐什么呢？
德-普利梅洛　乌纳-恩萨拉达-德-阿顿　德-赛滚多　诺-赛　盖-梅-莱郭米恩达

A: ¿Qué tal una paella? Es la especialidad de la casa.
[ke tal 'una pa'eʎa | ez la espeθjali'ðad ðe la 'kasa]
海鲜饭怎么样？是本店的特色菜。
盖-达尔-乌纳-巴埃亚　埃斯-拉-埃斯贝夏利达-德-拉-卡萨

29 de agosto
8月29日

241. Postre
甜点

A: ¿Y de postre?
[i ðe 'postre]
甜点吃什么?
伊-德-波斯德莱

B: Fruta del tiempo.
['fruta del 'tjempo]
时令水果。
富卢达-德-蒂埃波

30 de agosto
8月30日

242. Filete
牛排

A: ¿Cómo quiere el filete?
['komo 'kjere el fi'lete]
您的牛排想要什么样的?
🔊 郭莫-基埃莱-埃尔-菲莱德

B: Poco hecho.
['poko 'etʃo]
要嫩的。
🔊 波郭-埃乔

31 de agosto
8月31日

243. Chile
辣椒

A: ¿Este plato pica mucho?
['este 'plato 'pika 'mutʃo]
这道菜很辣吗?
埃斯德-普拉多-比卡-穆乔

B: Sí, un poco, porque lleva chile.
[si | ũm 'poko | 'porke 'ʎeβa 'tʃile]
对,有点儿辣,因为带辣椒。
西　温-波郭　波尔盖-耶巴-奇莱

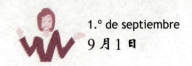

1.º de septiembre
9月1日

244. Sal
盐

A: ¿Me podría pasar la sal?
[me po'ðria pa'sar la sal]
能把盐递给我吗?
梅-波得利阿-巴萨尔-拉-萨尔

B: Por supuesto.
[por su'pwesto]
当然。
波尔-苏普埃斯多

2 de septiembre
9月2日

245. Vegetariano
素食者

A: Este jamón está muy rico. Pruébalo.
['este xa'mõn es'ta mwi 'riko | 'prweβalo]
这个火腿好吃极了，尝尝吧。
埃斯德-哈蒙-埃斯达-穆伊-利郭　普卢埃巴洛

B: No, gracias. Soy vegetariano.
[no | 'graθjas | soi βexeta'rjano]
不用了，谢谢。我是素食者。
诺　格拉夏斯　索伊-贝赫达利阿诺

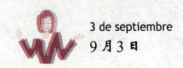

3 de septiembre
9月3日

246. Una exquisitez
美味佳肴

A: El pescado tiene buena pinta.

[el pes'kaðo 'tjene 'βwena 'pinta]

这个鱼看上去很好吃。

🔊 埃尔-贝斯卡多-蒂埃内-布埃纳-宾达

B: Y huele estupendo. Se me hace la boca agua.

[i 'wele estu'pendo | se me 'aθe la 'βoka 'agwa]

而且闻起来很香。我都流口水了。

🔊 伊-乌埃莱-埃斯杜本多　赛-梅-阿赛-拉-波卡-阿瓜

4 de septiembre
9月4日

247. Régimen de adelgazamiento
节食

A: ¡Qué poco has comido!
[ke 'poko as ko'miðo]
你吃得可真少！
🔊 盖-波郭-埃斯-郭米多

B: Es que estoy a régimen.
[es ke es'toi a 'reximẽn]
因为我在节食。
🔊 埃斯-盖-埃斯多伊-阿-莱希门

5 de septiembre
9月5日

248. Helado
冰激凌

A: ¿Quieres un helado de chocolate de postre?
['kjeres un e'laðo ðe tʃoko'late 'ðe 'postre]
你要一个巧克力冰激凌做甜点吗？
基埃莱斯－温－埃拉多－德－乔郭拉德－巴拉－波斯德莱

B: No, estoy lleno, ya no puedo más.
[no | es'toi 'ʎeno | ja no 'pweðo mas]
不用，我饱了，吃不下了。
诺　埃斯多伊－耶诺　亚－诺－普埃多－马斯

6 de septiembre
9月6日

249. Agua mineral
矿泉水

A: Camarero, un agua mineral, por favor.
[kama'rero | un 'agwa mĩne'ral | por fa'βor]
服务员,请来杯矿泉水。
📣 卡马莱洛　温-阿瓜-米内拉尔　波尔-法波尔

B: ¿Con gas o sin gas?
[koŋ gas o siŋ gas]
带气的还是无气的?
📣 贡-嘎斯-哦-辛-嘎斯

7 de septiembre
9月7日

250. Gazpacho
西班牙凉菜汤

A: El gazpacho es un plato muy típico, especialmente del sur de España.
[el gaθ'patʃo es um 'plato mwi 'tipiko | espeθjal'mẽnte ðel sur ðe es'paɲa]
西班牙凉菜汤是一个特色菜,尤其在西班牙南部。
埃尔-嘎斯巴乔-埃斯-温-普拉多-穆伊-迪比郭 埃斯贝西阿尔门德-德尔-苏尔-德-埃斯巴尼亚

B: ¿Cómo se hace?
['komo se 'aθe]
怎么做呢?
郭莫-赛-阿赛

8 de septiembre
9月8日

251. Tortilla de patata
土豆饼

A: ¿Qué hace falta para una tortilla de patata?
[ke 'aθe 'falta 'para 'una tor'tiʎa ðe pa'tata]
做土豆饼需要什么？
盖-阿赛-法尔达-巴拉-乌纳-多尔迪亚-德-巴达达

B: Muy poco: aceite de oliva, patatas, cebolla, huevos y nada más.
[mwi 'poko | a'θeite ðe o'liβa | pa'tatas | θe'βoʎa | 'weβos i 'naða mas]
很简单：橄榄油、土豆、洋葱和鸡蛋，就这些。
穆伊-波郭　阿赛伊德-德-哦利巴　巴达达
赛波亚乌埃波斯　伊-纳达-马斯

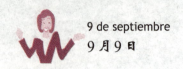

9 de septiembre
9月9日

252. La cuenta
结账

A: La cuenta, por favor.
[la 'kwenta | por fa'βor]
请结账吧。
🔊 拉-官达　波尔-法波尔

B: Pago yo.
['pago jo]
我来付。
🔊 巴郭-约

A: No, déjame invitarte.
[no | 'dexame imbi'tarte]
不,让我请你吧。
🔊 诺　德哈梅-因比达尔德

B: Entonces, pagamos a escote.
[ẽn'tonθes | pa'gamos a es'kote]
那我们各付各的吧。
🔊 恩东赛斯　巴嘎莫斯-阿-埃斯郭德

10 de septiembre
9月10日

253. Vajilla sucia
脏杯子

A: Camarero, este vaso está sucio.
　[kama'rero | 'este 'βaso es'ta 'suθjo]
　服务员，这个杯子是脏的。
　卡马莱洛　埃斯德-巴索-埃斯达-苏西哦

B: Perdón, ahora le traigo otro.
　[per'ðon | a'ora le 'traigo 'otro]
　对不起，我这就给您换一个。
　贝尔东　阿哦拉-莱-特拉伊郭-哦德洛

11 de septiembre
9月11日

254. Una película
电影

A: Dicen que en el cine Yara ponen una película muy taquillera.
['diθeŋ ke en el 'θine 'jara 'poneñ 'ũna pe'likula mwi taki'ʎera]
听说Yara电影院正在放映一部很卖座的电影。
迪森-盖-恩-埃尔-西内-亚拉-波嫩-乌纳-贝利古拉-穆伊-达基耶拉

B: ¿Sí? ¿Cómo se titula?
[si | 'komo se ti'tula]
是吗？片名是什么？
西　郭莫-赛-迪杜拉

A: No me acuerdo. Vamos a ver la cartelera.
[nõ me a'kwerðo | 'bamos a βer la karte'lera]
我不记得了。咱们来看看广告吧。
诺-梅-阿古埃尔多　巴莫斯-阿-贝尔-拉-卡尔德莱拉

12 de septiembre
9月12日

255. Menores de edad
未成年人

A: ¿Esta película la pueden ver los niños?
['esta peli'kula la 'pweðem ber loz 'niɲos]
这部电影儿童可以观看吗?
埃斯达-贝利古拉-拉-普埃登-贝尔-洛斯-尼尼奥斯

B: No es apta para menores de 12 años.
[no es 'apta 'para mẽ'norez ðe 'ðoθe 'aɲos]
不适合12岁以下的未成年人。
诺-埃斯-阿普达-巴拉-梅诺莱斯-德-多赛-阿尼奥斯

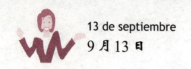

13 de septiembre
9月13日

256. El guardarropa
衣帽间

A: ¿Hay que dejar el abrigo en el guardarropa?
[ai ke ðe'xar el a'βrigo en el gwarða'ropa]
必须把大衣存到衣帽间吗？
阿伊-盖-德哈尔-埃尔-阿布利郭-恩-埃尔-瓜尔达洛巴

B: Sí, dos euros por prenda.
[si | dos 'euros por 'prenda]
是的，每件衣服2欧元。
西　多斯-埃乌洛斯-波尔-普冷达

14 de septiembre
9月14日

257. Sobre gustos no hay nada escrito
各有所爱

A: ¡Qué película más aburrida!
[ke pe'likula mas aβu'riða]
这部电影太无聊了!

🔊 盖-贝利古拉-马斯-阿布利达

B: ¿Qué dices? Para mí era muy divertida.
[ke 'ðiθes | 'para mi 'era mwi ðiβer'tiða]
说什么呢? 我觉得挺有趣的。

🔊 盖-迪塞斯巴拉-米-埃拉-穆伊-迪贝尔迪达

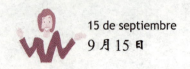

15 de septiembre
9月15日

258. Opera de Pekín
京剧

A: La próxima semana se representa una ópera de Pekín en el Teatro Changan.
[la 'proksima se'mãna se repre'senta 'una o'pera ðe pe'kin ẽn el te'atro 'tʃaŋgan]
下星期长安大戏院有京剧。
拉-普洛克西马-赛马纳-赛-莱普莱森达-乌纳-哦贝拉-德-贝金-恩-埃尔-德阿德洛-长安

B: ¿De verdad? ¿Qué pieza?
[de βer'ðad | ke 'pjeθa]
是吗，什么戏？
德-贝尔达　盖-比埃萨

16 de septiembre
9月16日

259. Se ha vendido todo
售罄

A: Quiero dos entradas de patio, por favor.
['kjero ðos en'traðaz ðe 'patjo | por fa'βor]
请给我两张池座票。
🔊 基埃洛-多斯-恩特拉达斯-德-巴迪哦 波尔-法波尔

B: Lo siento, ya están agotadas. Puede comprar para mañana por Internet.
[lo 'sjento | 'ja es'tan ago'taðas | 'pweðe kom'prar 'para ma'ɲana por inter'net]
对不起，票已经卖完了。您可以在网上购买明天的票。
🔊 洛-先多 亚-埃斯丹-阿郭达达斯 普埃代-孔普拉尔-巴拉-马尼亚纳-波尔-因德尔内特

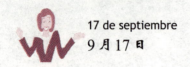

17 de septiembre
9月17日

260. Hablando de fútbol
谈论足球

A: Anoche vi el partido de fútbol.
[ã'notʃe βi el par'tiðo ðe 'futβol]
昨晚我看足球赛了。
🔊 阿诺切-比-埃尔-巴尔迪多-德-富特波尔

B: ¿Cómo quedó?
['komo ke'ðo]
结果怎样?
🔊 郭莫-盖多

A: El Real Madrid perdió con el Valencia por 2 a 1.
[el re'al ma'ðrid per'ðjo kon el βa'lenθja por ðos a 'uno]
皇家马德里1比2输给了瓦伦西亚。
🔊 埃尔-莱阿尔-马德里-贝尔迪哦-贡-埃尔-巴冷西阿-波尔-多斯-阿-乌诺

18 de septiembre
9月18日

261. La línea de delanteros
前锋

A: ¿Qué puesto tienes cuando juegas al fútbol?
[ke 'pwesto 'tjenes 'kwando xwe'gas al 'futβol]
你踢足球时踢什么位置?

盖-普埃斯多-蒂埃内斯-官多-胡埃嘎斯-阿尔-富特波尔

B: En la delantera.
[ẽn la ðelan'tera]
前锋。

恩-拉-德兰特拉

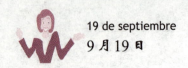

19 de septiembre
9月19日

262. La Copa Mundial
世界杯

A: Messi metió cuatro goles en la Copa Mundial.
['mesi me'tjo 'kuatro 'goles en la 'kopa mũn'djal]
梅西在世界杯中进了4个球。
梅西-梅迪哦-瓜德罗-戈莱斯-恩-拉-郭巴-蒙迪阿尔

B: ¡Qué fuerte! Soy su admirador más grande.
[ke 'fwerte | soi su admira'ðor maz 'grande]
真厉害！我是他最忠实的球迷。
盖-富埃尔德 索伊-苏-阿德米拉多尔-马斯-格兰德

20 de septiembre
9月20日

263. Los Juegos Olímpicos
奥运会

A: Los Juegos Olímpicos empiezan el 8 de agosto.
[los 'xwegos o'limpikos ẽm'pjeθan el 'oʧo ðe a'gosto]
8月8号奥运会就要开幕了。
洛斯-胡埃郭斯-哦林比郭斯-恩比埃桑-埃尔-哦乔-德-阿郭斯多

B: Me gustaría ir al atletismo.
[me gusta'ria ir al atle'tizmo]
我想去看田径比赛。
梅-古斯达利阿-伊尔-阿尔-阿特莱迪斯莫

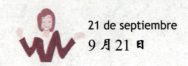

21 de septiembre
9月21日

264. Tenis
网球

A: Me gustaría dar unas clases de tenis.
[me gusta'ria ðar 'unas 'klases de 'tenis]
我想上几堂网球课。
梅–古斯达利阿–达尔–乌纳斯–格拉塞斯–德–德尼斯

B: Voy a presentarte a mi profesor.
[boi a presen'tarte a mi profe'sor]
我给你介绍我的老师。
波伊–阿–普莱森达尔德–阿–米–普洛菲索尔

22 de septiembre
9月22日

265. Vela
帆船

A: Vamos a alquilar una lancha.
   ['bamos a alki'lar 'una 'lantʃa]
   咱们租一艘摩托艇吧。
   巴莫斯-阿-阿尔基拉尔-乌纳-兰恰

B: Yo prefería un velero.
   [jo prefe'ria um be'lero]
   我更喜欢帆船。
   约-普莱菲利阿-温-贝莱洛

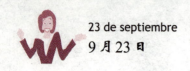

23 de septiembre
9月23日

266. Alquilar un piso
租房

A: Quisiera alquilar un piso.
[kui'sjera alki'lar um 'piso]
我想租套房。
🔊 基西埃拉-阿尔基拉尔-温-比索

B: ¿Cuántas habitaciones quiere?
['kwantas aβita'θjones 'kjere]
您需要几个房间?
🔊 官达斯-阿比达西哦内斯-基埃莱

24 de septiembre
9月24日

267. Superficie
面积

A: ¿Qué tamaño tiene este piso?
[ke ta'maɲo 'tjene 'este 'piso]
这套房子面积多大?
盖-达马尼奥-蒂埃内-埃斯德-比索

B: Unos cien metros cuadrados.
['ũnos θjem 'metros kwa'ðraðos]
大约100平方米。
乌诺斯-西恩-梅德洛斯-瓜德拉多斯

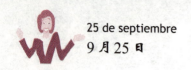

25 de septiembre
9月25日

268. Garaje
车库

A: ¿Necesita garaje?
[neθe'sita ga'raxe]
需要车库吗?
内塞西达-嘎拉赫

B: No, no tengo coche, pero tiene que estar cerca del metro.
[no | no 'teŋgo 'kotʃe | 'pero 'tjene ke es'tar 'θerka ðel 'metro]
不用,我没有车,但是要离地铁近。
诺 诺-滕郭-郭切 贝洛-蒂埃内-盖-埃斯达尔-赛尔卡-德尔-梅德洛

26 de septiembre
9月26日

269. Calefacción
供暖

A: ¿Hay calefacción central?
[ai kalefak'θjon θen'tral]
有集中供暖吗?
[阿伊-卡莱法克西翁-森特拉尔]

B: No, pero tiene caldera.
[no | 'pero 'tjene kalðera]
没有,但有炉子。
诺　贝洛-阿伊-温-卡乐德哈

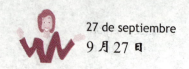

27 de septiembre
9月27日

270. Iluminación
采光

A: ¿Cómo está de luz?
['komo es'ta ðe luθ]
采光怎么样?
🔊 郭莫-埃斯达-德-卢斯

B: Es un piso luminoso.
[es um 'piso lumĩ'noso]
房子光线很好。
🔊 埃斯-温-比索-卢米诺索

28 de septiembre
9月28日

271. Bien comunicado
交通便利

A: ¿Está bien comunicado?
[es'ta βjeŋ komũni'kaðo]
交通便利吗?
埃斯达-比恩-郭穆尼卡多

B: Sí, aquí pasan muchas líneas de autobús.
[si | a'ki 'pasam 'mutʃaz 'lineaz ðe auto'βus]
便利,很多公交车从这儿过。
西 阿基-巴桑-穆恰斯-利内阿斯-德-阿乌多布斯

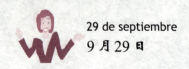

29 de septiembre
9月29日

272. Bañera
浴缸

A: ¿El baño tiene bañera?
[el 'baɲo 'tjene ba'ɲera]
卫生间有浴缸吗?
🔊 埃尔-巴尼奥-蒂埃内-巴尼埃拉

B: No, es de ducha.
[no | ez ðe 'duʧa]
没有,有淋浴。
🔊 诺 埃斯-德-杜洽

30 de septiembre
9月30日

273. Sala de estar
客厅

A: ¿Qué habitaciones necesita?
[ke aβita'θjonez neθe'sita]
您需要哪些房间?
🔊 盖-阿比达西哦内斯-内塞西达

B: Pues, sala de estar, cocina y dos dormitorios que no tienen que ser muy grandes.
[pwes | 'sala ðe es'tar | ko'θina | i ðoz ðormi'torjos | ke no 'tjenẽŋ ke ser mwi 'grandes]
嗯,要有客厅、厨房,还有两个卧室,不必太大。
🔊 普埃斯 萨拉-德-埃斯达尔 郭西纳 伊-多斯-多尔米多利哦斯 盖-诺-蒂埃内-盖-赛尔-穆伊-格兰德斯

1.º de octubre
10月1日

274. El dormitorio principal
主卧室

A: ¿El dormitorio principal da al sur?
[el dormi'torjo prinθi'pal da al sur]
主卧室朝南吗?
埃尔-多尔米多利哦-普林西巴尔-达-阿尔-苏尔

B: Sí, y está lejos de la calle.
[si | i es'ta 'lexoz ðe la 'kaʎe]
对,而且离街很远。
西　伊-埃斯达-莱霍斯-德-拉-卡耶

2 de octubre
10月2日

275. Piso compartido
合租的公寓

A: Voy a compartir el piso con dos amigos. ¿Cuándo pueden venir a echar un vistazo?
[boi a kompar'tir el 'piso kon dos a'migos | 'kwando 'pweðen βe'nir a e'tʃar um bis'taθo]
我要和两个朋友合租这套公寓。他们什么时候可以来看一看?
波伊-阿-贡巴尔迪尔-埃尔-比索-贡-多斯-阿米郭斯　官多-普埃登-贝尼尔-阿-埃恰尔-温-比斯达索

B: Cuando quieran, sólo que me llamen de antemano.
['kwando 'kjeran | 'solo ke me 'ʎamẽn de ante'mãno]
随时可以,只要先给我打电话。
官多-基埃兰　索洛-盖-梅-亚门-德-安德马诺

3 de octubre
10月3日

276. Ascensor
电梯

A: Pero está en el décimo piso.
['pero es'ta en el 'deθimo 'piso]
但在十楼啊。
贝洛-埃斯达-恩-埃尔-德西莫-比索

B: No se preocupe. Hay dos ascensores.
[no se preo'kupe | ai ðos asθen'sores]
您别担心。有两个电梯。
诺-赛-普莱哦古贝斯　阿伊-多斯-阿斯森索莱斯

4 de octubre
10月4日

277. La matrícula
注册

A: Quiero matricularme en la facultad de medicina.
['kjero matriku'larme en la fakul'tad ðe meði'θina]
我想在医学系注册。
🔊 基埃洛-马德利古拉尔梅-恩-拉-法古尔达-德-梅迪西纳

B: Primero rellene este formulario.
[pri'mero re'ʎene 'este formu'larjo]
先填写这张表格。
🔊 普利梅洛-莱耶内-埃斯德-佛尔穆拉利哦

5 de octubre
10月5日

278. Carrera
专业

A: ¿Qué carrera haces?
[ke ka'rera 'aθes]
你学什么专业？
盖-卡莱拉-阿赛斯

B: Derecho.
[de'retʃo]
法律。
德莱乔

6 de octubre
10月6日

279. Trabajo a tiempo parcial
兼职

A: ¿Tienes un trabajo a tiempo parcial?
['tjenes un tra'βaxo ðe 'tjempo par'θjal]
你做兼职吗?
蒂埃内斯-温-特拉巴霍-德-蒂埃波-巴尔西阿尔

B: Sí, en la biblioteca, cuando no tengo clases.
[si | en la βiβljo'teka| 'kwando no 'teŋgo 'klases]
对,我没课的时候在图书馆工作。
西　恩-拉-比布利哦德卡-官多-诺-滕郭-格拉塞斯

7 de octubre
10月7日

280. Graduación
毕业

A: ¿Qué piensas hacer después de graduarte?
[ke 'pjensas a'θer ðes'pwez ðe gra'ðwarte]
你毕业以后想干什么?
盖-比恩萨斯-阿赛尔-德斯不埃斯-德-格拉杜阿尔德

B: Voy a estudiar un máster en Inglaterra.
[boi a estu'ðjar um 'master en ĩŋgla'tera]
我要去英国读研究生。
波伊-阿-埃斯杜迪阿尔-温-马斯德尔-恩-因格拉特拉

8 de octubre
10月8日

281. Sin trabajo
失业

A: ¿Cómo que estás en paro?
['komo ke es'tas em 'paro]
你怎么会失业了?
🔊 郭莫-盖-埃斯达斯-恩-巴洛

B: Me despedieron hace poco.
[me ðespe'ðjeron 'aθe 'poko]
前不久我被辞退了。
🔊 梅-德斯贝迪埃龙-阿赛-波郭

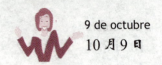

9 de octubre
10月9日

282. La impresora
打印机

A: La impresora no funciona.
[la impre'sora no fun'θjona]
打印机用不了了。
拉-因普莱索拉-诺-丰西翁纳

B: Debe estar sin tinta.
['deβe es'tar sin 'tinta]
应该是没墨了。
德贝-埃斯达尔-辛-丁达

10 de octubre
10月10日

283. El técnico
技术员

A: ¿Cómo se usa este programa?
['komo se 'usa 'este pro'grama]
这个程序怎么用？
郭莫-赛-乌萨-埃斯德-普洛格拉玛

B: No tengo ni idea. Vamos a preguntar al técnico.
[no 'teŋgo ni i'ðea | 'bamos a preguŋ'tar al 'tekniko]
我也不知道。咱们去问问技术员。
诺-滕郭-尼-伊德阿　巴莫斯-阿-普莱贡达尔-阿尔-德克尼郭

11 de octubre
10月11日

284. El presupuesto
预算

A: ¿Cuál es el problema?
[kwal es el pro'βlema]
有什么问题?
🔊瓜尔-埃斯-埃尔-普洛布莱马

B: Tenemos un presupuesto muy corto.
[te'nẽmos um presu'pwesto mwi 'korto]
我们的预算太少了。
🔊德内莫斯-温-普莱苏普埃斯多-穆伊-郭尔多

12 de octubre
10月12日

285. Mucho trabajo
公务繁忙

A: Entrégame el acta mañana.
[ẽn'tregame el 'akta ma'ɲana]
明天把会议纪要交给我。
恩德莱嘎梅-埃尔-阿克达-马尼阿纳

B: Pero jefe, tengo que terminar el informe primero.
['pero 'xefe | 'teŋgo ke termĩ'nar el iŋ'forme pri'mero]
但是,老板,我得先把报告写完啊。
贝洛-赫菲 滕郭-盖-德尔米纳尔-埃尔-因佛尔梅-普利梅洛

A: ¡Pues arreando!
[pwes are'ando]
那就赶紧吧。
普埃斯-阿莱安多

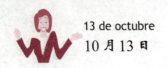

13 de octubre
10月13日

286. Eficiencia
效率

A: Ya está todo listo.
['ja es'ta 'toðo 'listo]
一切就绪。
亚-埃斯达-多多-利斯多

B: ¡Qué eficiencia!
[ke efi'θjenθja]
效率真高啊!
盖-艾菲先西阿

14 de octubre
10月14日

287. Una llamada para tí
有电话找你

A: Teresa, te buscan al teléfono.
[te'resa | te 'βuskan al te'lefono]
特雷莎，有电话找你。
德莱萨　德-布斯坎-阿尔-德莱佛诺

B: Ya voy.
['ja βoi]
来啦。
亚-波伊

15 de octubre
10月15日

288. Interrupción
打断

A: Perdone que les interrumpa.
   [per'ðone ke les inte'rumpa]
   对不起打断大家了。
   贝尔多内-盖-莱斯-因德龙巴

B: Está bien.
   [es'ta βjen]
   没事儿。
   埃斯达-比恩

16 de octubre
10月16日

289. Cita de negocios
商务会面

A: ¿Todavía no te vas? No trabajes tanto.
[toða'βia no te βas | no tra'βaxes 'tanto]
你还不走？悠着点儿干。
多达比阿-诺-德-巴斯　诺-特拉巴赫斯-丹多

B: Es que he quedado con un cliente.
[es ke e ke'ðaðo kon ũŋ 'kljente]
因为我约了客户。
埃斯-盖-埃-盖达多-孔-温-格利恩德

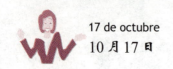

17 de octubre
10月17日

290. Relaciones familiares
家庭关系

A: ¿Te llevas bien con tu suegra?
[te ˈʎeβaz βjeŋ kon tu ˈswegra]
你跟婆婆处得好吗?
耶巴斯-比恩-孔-杜-苏埃格拉

B: Sí. Aunque parece seria, en realidad es muy sociable.
[si | ˈauŋke paˈreθe ˈserja | ẽn realiˈðad ez mwi soˈθjaβle]
挺好的。她虽然看上去严肃,但实际上很容易交往。
西　阿温盖-巴莱赛-赛利阿　恩-莱阿利达-埃斯-穆伊-索西阿布莱

18 de octubre
10月18日

291. Terco como una mula
固执无比

A: No se deja convencer.
　[no se ðeˈxa kombenˈθer]
　他不听劝。
　诺–塞–德哈–孔本赛尔

B: Sí, es muy terco.
　[si | ez mwi ˈterko]
　对，他很固执。
　西　埃斯–穆伊–德尔郭

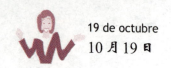

19 de octubre
10月19日

292. Precauciones
当心

A: Ten cuidado con Ramón.
[teŋ kwi'ðaðo kon ra'mõn]
你要当心拉蒙。
📢滕-古伊达多-孔-拉蒙

B: ¿Por qué? Parece buena persona.
[por ke | pa'reθe 'βwena per'sona]
为什么？他看上去是个好人。
📢波尔-盖　巴莱赛-布埃纳-贝尔索纳

A: No es de fiar.
[no ez ðe fjar]
他不可信。
📢诺-埃斯-德-菲啊尔

20 de octubre
10月20日

293. Egoísmo
自私自利

A: ¡Qué egoísta eres!
[ke ego'ista 'eres]
你真自私！
盖-埃郭伊斯达-埃莱斯

B: ¿Y tú? Te crees el ombligo del mundo.
[i tu | te 'krees el om'bligo ðel 'mũndo]
你呢？还以为自己是全世界的中心呢。
伊-杜　德-格莱埃斯-埃尔-翁布利郭-德尔-蒙多

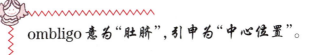

ombligo 意为"肚脐"，引申为"中心位置"。

21 de octubre
10月21日

294. Enamoramiento
恋爱

A: Estoy enamorado de ti.
　[es'toi enãmo'raðo ðe ti]
　我爱上你了。
🔊 埃斯多伊-埃纳莫拉多-德-迪

B: ¿En serio?
　[ẽn 'serjo]
　真的吗？
🔊 恩-赛利哦

22 de octubre
10月22日

295. Mi amor
亲爱的

A: Mi amor, estoy loco por ti.
[mi a'mor | es'toi 'loko por ti]
亲爱的，我为你疯狂。
米-阿莫尔　埃斯多伊-洛郭-波尔-迪

B: Te quiero mucho también.
[te 'kjero 'mutʃo tam'bjen]
我也很爱你。
德-基埃洛-穆乔-丹比恩

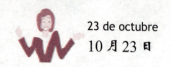

23 de octubre
10月23日

296. Tonterías
傻话

A: No me dejes. No puedo vivir sin ti.
[nõ me 'ðexes | no 'pweðo βi'βir sin ti]
别抛弃我。没有你我活不下去。
诺−梅−德赫斯　诺−普埃多−比比尔−辛−迪

B: ¡No digas tonterías! Te amaré para siempre.
[no 'ðigas tonte'rias | te ama're 'para 'sjempre]
别说傻话。我永远爱你。
诺−迪嘎斯−东德利阿斯　德−阿马莱−巴拉−先普莱

24 de octubre
10月24日

297. Felicitación
恭喜

A: Mi mujer está embarazada.
[mil mu'xer es'ta embara'θaða]
我妻子怀孕了。
米-穆赫尔-埃斯达-恩巴拉萨达

B: ¡Qué bien! Te felicito.
[ke βjen | te feli'θito]
太好了！恭喜你。
盖-比恩　德-费里西多

25 de octubre
10月25日

298. ¡Fenomenal!
真了不起

A: Han aceptado a mi hija en la Universidad de Pekín para este año.
[an aθep'taðo a mi 'ixa en la uniβersi'ðad ðe pe'kim 'para 'este 'aɲo]
我女儿今年被北京大学录取了。
安-阿赛普达多-阿-米-伊哈-恩-拉-乌尼贝尔西达-德-北京-巴拉-埃斯德-阿尼奥

B: ¡Fenomenal!
[fenõmẽ'nal]
真了不起！
费诺梅纳尔

26 de octubre
10月26日

299. Elogios
称赞

A: Mira la comida que he hecho.
['mira la ko'miða ke e 'etʃo]
看我做的这一桌菜。
米拉-拉-郭米达-盖-埃-埃乔

B: Jienes buena mano para cocinar.
['tjens 'bwena 'mãno 'para koθi'nar]
你做饭还真有一手。
杰恩斯-布埃那-马脑-巴哈-高西那拉

27 de octubre
10月27日

300. Admiración
佩服

A: He decorado la casa yo mismo.
[e ðeko'raðo la 'kasa jo 'mizmo]
我家房子是我自己装修的。
🔊 埃-德郭拉多-拉-卡萨-约-米斯莫

B: ¡Qué genio!
[ke 'xenjo]
真有两下子!
🔊 盖-赫尼哦

28 de octubre
10月28日

301. Reconocimiento
认可

A: Siempre sale el primero en todos los exámenes.
['sjempre 'sale el pri'mero 'pwesto en 'toðoz los ek'samẽnes]
每次考试他总能考第一。
先普莱-萨莱-埃尔-普利梅洛-恩-托多斯-洛斯-埃格萨门内斯

B: Es admirable.
[es aðmiraβle]
真厉害。
埃斯-阿德米拉布莱

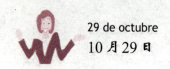

29 de octubre
10月29日

302. Una lección
教训

A: Ayer le di una buena lección.
　[a'jer le ði 'una 'βwena lek'θjon]
　昨天我好好教训了他一番。
　阿耶尔-莱-埃-达多-乌纳-布埃纳-莱克西翁

B: ¡Muy bien!
　[mwi βjen]
　干得好。
　穆伊-比恩

30 de octubre
10月30日

303. ¡Qué mala pata!
真倒霉

A: El jefe ha dicho que trabajemos dos horas extras hoy.
[el 'xefe a 'ðitʃo ke traβa'xemoz ðos 'oras 'ekstras oi]
老板说今天加两小时的班。
埃尔-赫费-阿-迪乔-盖-特拉巴赫莫斯-多斯-哦拉斯-埃克斯特拉斯-哦伊

B: ¡Qué mala suerte! ¡Si tengo una cita!
[ke 'mala 'swerte | si 'teŋgo 'una 'θita]
真倒霉，我还有个约会呢。
盖-马拉-苏埃尔德-西-滕郭-乌纳-西达

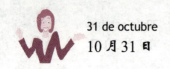

31 de octubre
10月31日

304. Se ha ido al garete
泡汤了

A: ¿Qué tal tu plan de viajar al extranjero?
[ke tal tu plan de βja'xar al ekstraŋ'xero]
你出国旅游的计划怎么样了?
盖-达尔-杜-普兰-德-比阿哈尔-阿尔-埃克西德兰和洛

B: Ni lo menciones. Se ha ido todo al garete.
[ni lo mẽn'θjonez | se a 'iðo 'toðo al 'garete]
别提了，全泡汤了。
诺-洛-门西翁内斯-马斯　普埃斯-赛-哈-伊多-阿尔-戛莱德

1.º de noviembre
11月1日

305 Estar ocupado
忙碌

A: ¿Andas ocupado últimamente?
['ãndas oku'paðo 'ultimãmẽnte]
你最近忙吗？
埃斯达斯-哦古巴多-乌尔迪马门德

B: Pues, sí, pero no tanto.
[pwes | si | 'pero no 'tanto]
还行吧，不算太忙。
普埃斯-西　贝洛-诺-丹多

2 de noviembre
11月2日

306. Defensa de tesis
论文答辩

A: ¿Cómo te ha salido la defensa de la tesis?
['komo te a sa'liðo la ðe'fensa ðe la 'tesis]
论文答辩怎么样?
郭莫-德-阿-萨利多-拉-德芬萨-德-拉-德西斯

B: No ha sido lo que esperaba.
[no a 'siðo lo ke espe'raβa]
不太理想。
诺-阿-西多-洛-盖-埃斯贝拉巴

3 de noviembre
11月3日

307. Como siempre
老样子

A: ¿Sigue todo igual por tu tierra?
['sige 'toðo i'gwal por tu 'tjera]
你家乡有什么变化吗?
西盖-多多-伊瓜尔-波尔-杜-迪埃拉

B: Sí, está como siempre.
[no | es'ta 'komo 'sjempre]
没有,还是老样子。
诺　埃斯-郭莫-先普莱

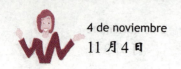

4 de noviembre
11月4日

308. Llamada de emergencia
紧急呼叫

A: Servicio de ambulancia.
 [ser'βiθjo ðe ambu'lanθja]
 这里是救护车服务处。
 赛尔比西哦-德-安布兰西阿

B: Hay un accidente de tráfico muy grave.
 [ai un akθi'ðente ðe 'trafiko mwi 'graβe]
 有一宗严重的车祸。
 阿伊-温-阿克西登德-德-特拉菲郭-穆伊-格拉贝

5 de noviembre
11月5日

309. Para presentarse
自我介绍

A: ¡Atención! Ésta es la Señorita Cruz.
[aten'θjon | 'esta ez la seɲo'rita kruθ]
注意！这位是克鲁兹小姐。
阿滕西翁　埃斯达-埃斯-拉-赛尼奥利达-格鲁兹

B: ¡Hola! Permítanme hacer una breve presentacíon.
['ola | per'mitamme a'θer 'una 'βreβe presenta'θion]
大家好！请允许我简短地介绍一下自己。
哦拉　贝尔米丹梅-阿赛尔-乌纳-布莱贝-普莱森达西翁

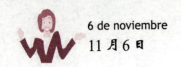

6 de noviembre
11月6日

310. Un robo
偷窃

A: Me han robado el bolso con mi pasaporte dentro.
[me an ro'βaðo el 'βolso kom mi pasa'porte 'ðentro]
我的包被偷了，里面有护照。

梅-安-洛巴多-埃尔-波尔索-孔-米-巴萨波尔德-登德洛

B: ¡Llama a la policía!
['ʎama a la poli'θia]
快报警！

亚马-阿-拉-波利西阿

7 de noviembre
11月7日

311. El consulado
领事馆

A: ¿Qué hago?
[ke 'ago]
我该怎么办?
🔊 盖-阿郭

B: Si fuera yo, informaría al consulado ahora mismo.
[si 'fwera jo | ĩnforma'ria al konsu'laðo a'ora 'mizmo]
如果是我,会立刻通知领事馆。
🔊 西-富埃拉-约　因佛尔马利阿-阿尔-贡苏拉多-阿哦啦-米斯莫

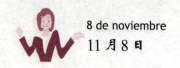

8 de noviembre
11月8日

312. Reclamación
提意见

A: ¿Quién está al mando? Quiero hablar con el gerente.
[kjen es'ta al 'mãndo | 'kjero a'βlar kon el xe'rente]
这里谁负责？我要和经理谈谈。
🔊 基恩-埃斯达-阿尔-曼多　基埃洛-阿布拉尔-贡-埃尔-赫冷德

B: Perdón, hoy no está.
[per'ðon | oi no es'ta]
对不起，今天他不在。
🔊 贝尔东　哦伊-诺-埃斯达

9 de noviembre
11月9日

313. Visado
签证

A: ¿Cuándo te vas a México?
['kwando te βas a 'mexiko]
你什么时候去墨西哥?
官多-德-巴斯-阿-梅西郭

B: Todavía no tengo el visado.
[toða'βia no 'teŋgo el βi'saðo]
我还没有签证。
多达比亚-诺-滕郭-埃尔-比萨多

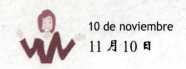

10 de noviembre
11月10日

314. Lo mismo me da
无所谓

A: ¿Cuál de las dos bolsas te gusta más?
[kwal de laz ðoz 'βolsas te 'gusta mas]
这两个包你更喜欢哪一个?
瓜尔-德-拉斯-多斯-波尔萨斯-德-古斯达-马斯

B: Me da igual.
[me ða i'wal]
都一样,我无所谓。
梅-达-伊瓜尔

11 de noviembre
11月11日

315. Malas lenguas
说坏话

A: ¿Sabes? María habla mal de ti.
['saβes | ma'ria 'aβla mal de ti]
知道吗？玛丽亚说你的坏话。
🔊 萨贝斯　马利亚-阿布拉-马尔-德-迪

B: ¿Y qué? No me importa.
[i ke | nõ me im'porta]
那又怎样？我不在乎。
🔊 伊-盖　诺-梅-因波尔达

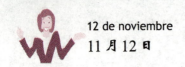

12 de noviembre
11月12日

316. Expulsión
开除

A: Han echado a Manuel de la Universidad.
[an e'tʃaðo a mã'nwel de la uniβersi'ðad]
马努埃尔被大学开除了。
📢 安-埃恰多-阿-马努埃尔-德-拉-乌尼贝尔西达

B: ¿Y a mí qué me importa?
[i a mi ke me im'porta]
这跟我有什么关系？
📢 伊-阿-米-盖-梅-因波尔达

13 de noviembre
11月13日

317. Tú dirás
你自己决定吧

A: No sé qué es mejor.
[no se ke ez me'xor]
我不知道怎样更好。
🔊 诺-赛-盖-埃斯-梅霍尔

B: Tú verás.
[tu βe'ras]
你自己决定吧。
🔊 杜-贝拉斯

14 de noviembre
11月14日

318. Decisión meditada
慎重的决定

A: ¿Vas a aceptar el trabajo?
[bas a aθep'tar 'el tra'βaxo]
你准备接受这份工作吗?
巴斯-阿-阿赛普达尔-埃尔-特拉巴霍

B: Tengo que pensarlo con más calma.
['teŋgo ke pen'sarlo kom mas 'kalma]
我需要时间来考虑一下。
滕郭-盖-本萨尔洛-贡-马斯-卡尔马

15 de noviembre
11月15日

319. Un dilema
两难

A: ¿Por fin decidiste?
[por fin deθi'ðiste]
你最终决定了吗?
波尔-芬-德西迪斯德

B: Es que es un dilema. Todavía estoy entre dos aguas.
[es ke es un di'lema | toða'βia es'toi 'entre ðos 'awas]
真是两难啊！我还在犹豫。
埃斯-盖-埃斯-温-迪莱马　多达比阿-埃斯多伊-恩德莱-多斯-阿瓜斯

16 de noviembre
11月16日

320. Opinión
看法

A: ¿Qué opinas sobre su respuesta?
[ke o'pinas 'soβre su res'pwesta]
你怎么看他做出的回应?
盖-哦比纳斯-索布莱-苏-莱斯普埃斯达

B: Creo que lo ha hecho bien.
['kreo ke lo a 'etʃo βjen]
我认为他做得对。
格莱哦-盖-洛-阿-埃桥-比恩

17 de noviembre
11月17日

321. Convicción
坚信

A: ¿Cómo ves la crisis financiera?
['komo βez la 'krisis finãn'θjera]
你对金融危机有什么看法？
郭莫-贝斯-拉-格利西斯-菲南西埃拉

B: Estoy convencido de que todo se va a arreglar.
[es'toi komben'θiðo ðe ke 'toðo se βa a are'glar]
我坚信一切都会好的。
埃斯多伊-孔本西多-德-盖-多多-赛-巴-阿-阿莱格拉尔

A: Yo diría lo contrario. Las cosas van de mal en peor.
['jo ði'ria lo kon'trarjo | las 'kosas βan de mal em pe'or]
我看刚好相反。事情正每况愈下。
约-迪利阿-洛-孔特拉利哦　拉斯-郭萨斯-班-德-马尔-恩-贝哦尔

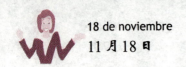

18 de noviembre
11月18日

322. Muy razonable
有道理

A: No debes echar la culpa a tu compañero.
[no 'ðeβes e'tʃar la 'kupla a tu kompa'ɲero]
你不该把错都推到同事身上。
诺-德贝斯-埃恰尔-拉-古尔巴-阿-杜-贡巴尼埃罗

B: Tienes razón.
['tjenez ra'θon]
你说得有道理。
蒂埃内斯-拉松

19 de noviembre
11月19日

323. Posturas a adoptar
选择立场

A: Tenemos que cambiar el horario de trabajo.
[te'nẽmos ke kam'bjar el o'rarjo ðe tra'βaxo]
我们必须改变工作时间。
德内莫斯-盖-坎比阿尔-埃尔-哦拉利哦-德-特拉巴霍

B: Estoy en contra. / Estoy a favor.
[es'toi eŋ 'kontra | es'toi a fa'βor]
我反对。/ 我同意。
埃斯多伊-恩-贡特拉　埃斯多伊-阿-法波尔

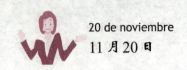

20 de noviembre
11月20日

324. Por lo que yo sé
据我所知

A: ¿Cuándo tenemos el examen final?
['kwando te'nẽmos el ek'samẽn fi'nal]
什么时候期末考?
官多-德内莫斯-埃尔-埃格萨门-菲纳尔

B: Que yo sepa, a fin de mes.
[ke jo 'sepa | a fin de mes]
据我所知,月底举行。
盖-约-赛巴　阿-芬-德尔-梅斯

21 de noviembre
11月21日

325. Remedio
办法

A: No hay otro remedio.
   [no ai 'otro re'meðjo]
   没有别的办法了。
   诺-阿伊-哦德洛-莱梅迪哦

B: ¿Cómo que no?
   ['komo ke no]
   怎么没有了?
   郭莫-盖-诺

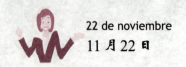

22 de noviembre
11月22日

326. Adulación
阿谀奉承

A: Eres la mujer más bella que he visto en mi vida.
['erez la mu'xer maz 'βeʎa ke e 'βisto em mi 'βiða]
你是我这辈子见过的最美丽的女人。
埃莱斯-拉-穆赫尔-马斯-北亚-盖-埃-比斯多-恩-米-比达

B: No me vengas con eso.
[nõ me 'βeŋgas kon 'eso]
别跟我来这套。
诺-梅-本嘎斯-贡-埃索

23 de noviembre
11月23日

327. Útil
有用

A: Regálame la moto, si ya no te sirve.
 [re'galame la 'moto | si ja no te 'sirβe]
 把你的摩托车送给我吧,反正你也用不着了。
 莱嘎啦梅-拉-莫多　西-亚-诺-德-西尔贝

B: De ninguna manera.
 [de nĩŋ'gunã mã'nera]
 无论如何也不行。
 德-宁古纳-马内拉

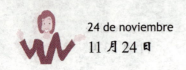

24 de noviembre
11月24日

328. Persuasión
说服

A: ¿Por qué dices no a un plan tan perfecto?
[por ke 'diθez no a um plan tam per'fekto]
你为什么对一个这么完美的计划说不呢?
波尔−盖−迪塞斯−诺−阿−温−普兰−丹−贝尔费克多

B: No me acabas de convencer.
[nõ me a'kaβaz ðe komben'θer]
你没能说服我。
诺−梅−阿卡巴斯−德−贡本赛尔

25 de noviembre
11月25日

329. Difícil de creer
难以置信

A: José presentó una carta de protesta al rector en tu nombre.

[xo'se presen'to 'una 'karta ðe pro'testa al rek'tor en tu 'nõmbre]

何塞以你的名义向校长提交了一封抗议书。

霍赛-普莱森多-乌纳-卡尔达-德-普罗德斯达-阿尔-莱克多-恩-杜-农布莱

B: ¿Cómo es posible? No lo puedo creer.

['komo es po'siβle | no lo 'pweðo kre'er]

怎么可能呢？我不敢相信。

郭莫-埃斯-波西布莱 诺-洛-普埃多-格莱埃尔

26 de noviembre
11月26日

330. En absoluto
一点儿也不

A: ¿Estás contento con el resultado de la elección?
[es'tas kon'tento kon el resul'taðo ðe la elek'θjon]
你对选举结果满意吗?
埃斯达斯-贡滕多-贡-埃尔-莱苏达多-德-拉-埃莱克西翁

B: No, en absoluto.
[no | ẽn abso'luto]
不,一点儿也不满意。
诺　恩-阿布索卢多

27 de noviembre
11月27日

331. El jarrón
花瓶

A: ¿Quién rompió el jarrón?
[kjen rom'pjo el xa'ron]
谁把花瓶打碎了?
基恩-龙比哦-埃尔-哈龙

B: No fui yo.
[no fwi jo]
不是我。
诺-富伊-约

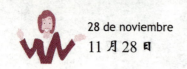

28 de noviembre
11月28日

332. La inauguración del curso
开学典礼

A: ¿Vendrá tu papá a la inauguración del curso?
[ben'dra tu pa'pa a la ĩnaugura'θjon ðe aper'tura ðel 'kurso]
你爸爸会来参加课程的开学典礼吗?

本德拉-杜-巴巴-阿-拉-伊纳乌古拉西翁-德尔-古尔索

B: Eso depende. Si tiene mucho trabajo, quizá no.
['eso ðe'pende | si 'tjenẽ 'mutʃo tra'βaxo | ki'θa no]
看情况吧。如果工作很多可能就不来了。

埃索-德本德　西-蒂埃内-穆乔-特拉巴霍　基萨-诺

29 de noviembre
11月29日

333. Concurso
比赛

A: ¿Eres capaz de vencerla en el concurso de baile?
['eres ka'paθ ðe βen'θerla en el koŋ'kurso ðe 'βaile]
你能在舞蹈比赛中把她打败吗?
埃莱斯-嘎巴斯-德-本赛尔拉-恩-埃尔-贡古尔索-德-巴伊莱

B: Lo intentaré.
[lo intenta're]
我会尽力的。
洛-因滕达莱

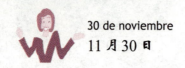

30 de noviembre
11月30日

334. Una torcedura
扭伤

A: Se me torció el tobillo.
[se me tor'θjo el to'βiʎo]
我扭伤了脚踝。
赛-梅-多尔西哦-埃尔-多比哟

B: ¿Cómo ocurrió?
['komo oku'rjo]
怎么弄的？
郭莫-哦古利哦

1.º de diciembre
12月1日

335. Imposible
不可能

A: ¿Será algo grave?
   [se'ra 'algo 'graβe]
   会是严重的事吗?
🔊 塞拉-阿尔郭-格拉贝

B: No puede ser.
   [no 'pweðe ser]
   不可能。
🔊 诺-普埃德-赛尔

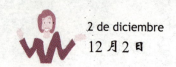

2 de diciembre
12月2日

336. Certeza
毫无疑问

A: Es un maestro del piano.
   [es um ma'estro ðel 'pjano]
   他是个钢琴大师。
🔊 埃斯-温-马埃斯德洛-德尔-比阿诺

B: Sin duda alguna.
   [sin 'duða al'guna]
   毫无疑问。
🔊 辛-杜达-阿尔古纳

3 de diciembre
12月3日

337. Hacerse rogar
摆架子

A: No te hagas rogar.
   [no te 'agaz ro'gar]
   你别摆架子了。
   诺-德-阿嘎斯-洛嘎尔

B: Es que no puedo hacer eso. ¡Créeme!
   [es ke no 'pweðo a'θer 'eso | 'kreeme]
   我真的不能这么做。相信我吧！
   埃斯-盖-诺-普埃多-阿赛尔-埃索　格莱埃梅

4 de diciembre
12月4日

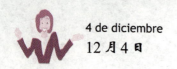

338. Compañía
陪伴

A: ¿Te acompaño?
[te akom'paɲo]
我陪你去?
🔊 德-阿贡巴尼奥

B: No, gracias, no hace falta.
[no | 'graθjas | no 'aθe 'falta]
谢谢,不必了。
🔊 诺　格拉西阿斯　诺-阿赛-法尔达

5 de diciembre
12月5日

339. Un secreto
秘密

A: Te comento un secreto, pero no lo digas a nadie.
[te ko'mẽnto un se'kreto | 'pero no lo 'ðigas a 'naðje]
我跟你说一个秘密，但你不要告诉别人。
德-郭门多-温-赛格来多贝洛-诺-洛-迪嘎斯-阿-纳迪埃

B: Vale. Te lo prometo.
['bale | te lo pro'meto]
好！我保证。
巴莱　德-洛-普洛梅多

6 de diciembre
12月6日

340. Juramento
发誓

A: ¿Es verdad lo que dices?
[ez βer'ðad lo ke 'diθes]
你说的都是真话?

埃斯-贝尔达-洛-盖-迪赛斯

B: Claro, lo juro.
['klaro | lo 'xuro]
当然,我发誓。

格拉罗　洛-胡洛

7 de diciembre
12月7日

341. Indecisión
犹豫

A: ¿Qué haría usted?
[ke a'ria us'ted]
您会怎么做?
盖-阿利阿-乌斯德

B: Es difícil decirlo.
[ez ði'fiθil de'θirlo]
这很难说。
埃斯-迪费西尔-德西尔洛

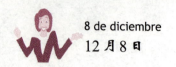

8 de diciembre
12月8日

342. Cuidado
注意

A: Lo pagarás muy caro.
   [lo paga'raz mwi 'karo]
   你要为此付出代价的。
   洛-巴嘎拉斯-穆伊-卡洛

B: Cuidado con lo que dices.
   [kwi'ðaðo kon lo ke 'ðiθes]
   说话注意点。
   古伊达多-贡-洛-盖-迪塞斯

9 de diciembre
12月9日

343. El Día Nacional
国庆日

A: Hoy es el Día Nacional de Argentina.
[oi es el 'dia na θjo'nal de arxen'tina]
今天是阿根廷的国庆日。
哦伊-埃斯-埃尔-迪阿-纳西翁纳尔-德-阿尔亨迪纳

B: No lo sabía.
[no lo sa'βia]
我刚知道。
诺-洛-萨比阿

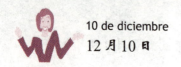

10 de diciembre
12月10日

344. La cárcel
监狱

A: Lo han metido en la cárcel.
[lo am me'tiðo ẽn la 'karθel]
他被关进监狱了。
洛-安-梅迪多-恩-拉-卡尔赛尔

B: Bien se lo merece.
[bjen se lo me'reθe]
活该！
比恩-赛-洛-梅莱赛

11 de diciembre
12月11日

345. Un roce
小摩擦

A: Oye, baja el volumen.
['oje | 'baxa el βo'lumẽn]
喂,把声音关小点儿。
🔊 哦耶　巴哈-埃尔-勃鲁门

B: ¿Por qué te metes conmigo?
[por ke te 'metes kom'migo]
你为什么和我过不去?
🔊 波尔-盖-德-梅德斯-孔米郭

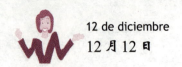

12 de diciembre
12月12日

346. Una locura
疯狂的事

A: Estoy pensando en irme a vivir a Iraq.
　　[es'toi pen'sando en 'irme a βi'βir a i'raq]
　　我想去伊拉克生活。
　　埃斯多伊-本桑多-恩-伊尔梅-阿-比比尔-阿-伊拉克

B: ¡Estás loco!
　　[es'taz 'loko]
　　你疯啦！
　　埃斯达斯-洛郭

13 de diciembre
12月13日

347. Aviso
提醒

A: Espera, se te cayó el pañuelo.
[es'pera | se te ka'jo el pa'ɲwelo]
等一下，你的手帕掉了。
埃斯贝拉　赛-德-卡约-埃尔-巴纽埃洛

B: Ah, gracias.
[a | 'graθjas]
啊，谢谢。
阿　格拉西阿斯

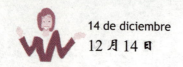

14 de diciembre
12月14日

348. Como un caballero
像个绅士

A: No seas bruta.
[no 'seaz 'βruta]
别那么粗鲁。
诺-赛阿斯-布鲁多

B: Tú tampoco te comportas como un caballero.
[tu tam'poko te kom'portas 'komo uŋ kaβa'ʎero]
你也不像个绅士啊。
杜-丹波郭-德-贡波尔达斯-郭莫-温-卡巴耶洛

15 de diciembre
12月15日

349. Hacer la cola
排队

A: No se cuele, haga la cola.
　 [no se 'kwele | 'aga la 'kol]
　 别加塞儿，请排队。
🔊 诺-赛-古埃莱阿嘎-拉-郭拉

B: Pero, ¿quién es el último?
　 ['pero | kjen es el 'ultimo]
　 但是队尾在哪儿呢？
🔊 贝洛-基恩-埃斯-埃尔-乌尔迪莫

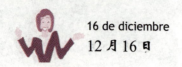

16 de diciembre
12月16日

350. Enfado
生气

A: No te pongas así.
[no te 'poŋgas a'si]
你别这样啊。
🔊 诺-德-崩嘎斯-阿西

B: Déjame en paz.
['dexame em paθ]
让我安静会儿吧。
🔊 德哈梅-恩-巴斯

17 de diciembre
12月17日

351. No es así
不是这样的

A: Sólo piensa en él mismo.
['solo 'pjensa en el 'mizmo]
他只想着他自己。
索洛-比恩萨-恩-埃尔-米斯莫

B: No digas eso.
[no 'ðigas 'eso]
别这么说。
诺-迪嘎斯-埃索

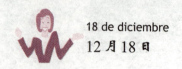

18 de diciembre
12月18日

352. Gozo compartido
相见甚欢

A: ¡Qué alegría verle de nuevo!
[ke ale'gria 'βerle ðe 'nweβo]
再次见到您太高兴了!
🔊 盖-阿莱格利阿-贝尔-莱-德-努埃波

B: Yo también.
['jo o tam'bjen]
我也是。
🔊 约-丹比恩

19 de diciembre
12月19日

353. Enhorabuena
祝贺

A: ¡Qué alivio! Aprobé el examen.
[ke a'liβjo | apro'βe el ek'samẽn]
总算可以松口气了。我通过了考试。
盖-阿利比哦　阿普罗贝-埃尔-埃格萨门

B: ¡Enhorabuena!
[ẽnora'βwena]
祝贺你!
恩哦拉布埃纳

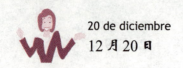

20 de diciembre
12月20日

354. Pena
伤心

A: Me siento triste.
[me 'sjento 'triste]
我感到很伤心。
梅-先多-得利斯德

B: ¿Qué te pasa?
[ke te 'pasa]
你怎么了?
盖-德-巴萨

21 de diciembre
12月21日

355. Congoja
心痛

A: Me duele el corazón.
 [me 'ðwele el kora'θon]
 我的心很痛。
 梅-杜埃莱-埃尔-郭拉松

B: ¿Por qué? ¿Rompiste con tu novia?
 [por ke | rom'piste kon tu 'noβja]
 为什么？和你女朋友分手了？
 波尔-盖　龙比斯德-贡-杜-诺比阿

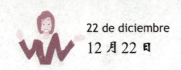

22 de diciembre
12月22日

356. Decepción
失望

A: Estoy decepcionado. Esperaba más de ti.
[es'toi ðeθepθjo'naðo | espe'raβa maz ðe ti]
我很失望。原来我对你期望更高的。
🔊 埃斯多伊-德赛普西翁纳多　埃斯贝拉巴-马斯-德-迪

B: Dame otra oportunidad, por favor.
['dame 'otra oportuni'ðad | por fa'βor]
请再给我一次机会。
🔊 达梅-哦特拉-哦波尔杜尼达　波尔-法波尔

23 de diciembre
12月23日

357. Problemas de tráfico
交通问题

A: ¿Por qué tardaste tanto?
[por ke tar'ðaste 'tanto]
你怎么耽搁了这么久?
🔊 波尔-盖-达尔达斯德-丹多

B: Había atasco. Es la hora punta.
[a'βia a'tasko | ez la 'ora 'punta]
路上堵车。正是高峰时段呢。
🔊 阿比阿-阿达斯郭　埃斯-拉-哦拉-蓬达

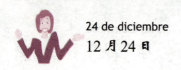

24 de diciembre
12月24日

358. Inquietud
紧张

A: Estoy nervioso.
[es'toi ner'βjoso]
我很紧张。
埃斯多伊-内尔比哦索

B: Relájate. Esto pasará pronto.
[re'laxate | 'esto pasa'ra 'pronto]
放松点儿。很快就过去了。
莱拉哈德　埃斯多-巴萨拉-普隆多

25 de diciembre
12月25日

359. Cuanto antes
越快越好

A: Usted es la persona que necesitamos. ¿Cuándo puede empezar el trabajo?
[us'ted ez la per'sona ke neθesi'tamos | 'kwando 'pweðe empe'θar el tra'βaxo]
您就是我们要招的人。什么时候可以开始工作?
乌斯代–埃斯–拉–贝尔索纳–盖–内塞西达莫斯 官多–普埃德斯–恩贝萨尔–埃尔–特拉巴霍

B: Cuanto antes. Aprecio mucho esta oportunidad.
['kwanto 'antes | a'preθjo 'mutʃo 'esta oportuni'ðad]
越快越好。我十分珍惜这次机会。
官多–安德斯 阿普莱西哦–穆乔–埃斯达–哦波尔杜尼达

26 de diciembre
12月26日

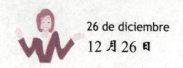

360. Puesto de trabajo
工作职位

A: ¿Qué tal tu nuevo trabajo?
[ke tal tu 'nweβo tra'βaxo]
你的新工作怎么样？
盖-达尔-杜-努埃波-特拉巴霍

B: No está mal. Está muy bien pagado y tengo un puesto más alto que antes.
[no es'ta mal | es'ta mwi βjem pa'gaðo i 'teŋgo um 'pwesto mas 'alto ke el de 'antes]
还不错。薪水很高，而且我的职位也比以前高了。
诺-埃斯达-马尔 埃斯达-穆伊-比恩-巴嘎多-伊-滕郭-温-普埃斯多-马斯-阿尔多-盖-安德斯

27 de diciembre
12月27日

361. La lista de la compra
购物清单

A: Vamos a hacer una lista de las cosas necesarias para el picnic. A ver...: bocadillos, gaseosa, patatas fritas...

['bamos a a'θer 'una 'lista ðe las 'kosaz neθe'sarjas 'para el pik'nik | a βer | boka'ðiʎos | gase'osa | pa'tatas 'fritas]

我们来列一张野餐所需物品的清单。嗯，夹肉面包、汽水、炸土豆片……

巴莫斯-阿-阿赛尔-乌纳-利斯达-德-拉斯-郭萨斯-内塞萨里阿斯-巴拉-埃尔-皮克尼克 阿-贝尔 波卡迪约斯 嘎赛哦萨 巴达达斯-富利达斯

B: ¿Y algo de chorizo y salchichas?

[i 'algo ðe tʃo'riθo i sal'tʃitʃas]

还要带点儿灌肠和香肠吧？

伊-阿尔郭-德-乔利索-伊-萨尔齐洽斯

363

27 de diciembre
12月27日

A: Pero no tenemos parrilla para asarlos.

['pero no te'nẽmos pa'riʎa 'para a'sarlos]

但是我们没有烤架来烤它们啊。

🔊 贝洛-诺-德内莫斯-巴利亚斯-巴拉-阿萨尔洛斯

28 de diciembre
12月28日

362. Avería
损坏

A: Hoy ha sido horrible. Mi coche se estropeó otra vez.
[oi a 'siðo o'riβle | mi 'kotʃe se estrope'o 'otra βeθ]
今天糟透了。我的车又坏了。
哦伊-阿-西多-哦利布莱 米-郭切-赛-埃斯德洛贝哦-哦特拉-贝斯

B: ¿Otra vez? Si lo llevaste a arreglar sólo hace un mes.
['otra βeθ | si lo ʎe'βaste a are'glar 'solo 'aθe um mes]
又坏了？可是你上个月才送去修过啊。
哦特拉-贝斯 西-洛-耶巴斯德-阿-阿莱格拉尔-索洛-阿赛-温-梅斯

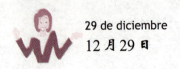

29 de diciembre
12月29日

363. Desconectarse
下线

A: Hijo, ¿aún estás con el Internet?
['ixo | a'un es'taz kon el inter'net]
儿子,你还在上网吗?
伊霍　阿温-埃斯达斯-贡-埃尔-因德尔内特

B: Sí, mamá, desconecto enseguida.
[si | mã'ma | ðeskonek'to ense'giða]
是的,妈妈,我马上就下线。
西　马马　德斯郭内科多-恩赛基达

30 de diciembre
12月30日

364. ¡Buen viaje!
旅途愉快

A: ¡Buen viaje!
   [bwem 'bjaxe]
   旅途愉快!
   布恩-比阿赫

B: Gracias. Que le vaya bien.
   ['graθjas | ke le 'βaja βjen]
   谢谢。祝您一切顺利。
   格拉西阿斯 盖-莱-巴亚-比恩

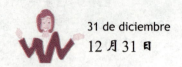

31 de diciembre
12月31日

365. Signos del zodiaco
星座

A: ¿Cuál es tu signo del zodiaco?
   [kwal es tu 'signo ðel θo'ðjako]
   你是什么星座的?
   瓜尔-埃斯-杜-西格诺-德尔-索迪阿郭

B: Aries.
   ['arjes]
   白羊座。
   阿利埃斯

十二个星座的说法：白羊座 Aries, 金牛座 Tauro, 双子座 Géminis, 巨蟹座 Cáncer, 狮子座 Leo, 处女座 Virgo, 天秤座 Libra, 天蝎座 Escorpio, 射手座 Sagitario, 摩羯座 Capricornio, 水瓶座 Acuario, 双鱼座 Piscis